KB233594

3040 인생혁명 프로젝트

열정을 말하라

3040 인생혁명 프로젝트
열정을 말하라

초판1쇄 인쇄 2013년 12월 16일
초판1쇄 발행 2013년 12월 20일

지은이 | 김병완
펴낸이 | 심호섭
펴낸곳 | 생각너머

기획경영총괄 | 박서
책임편집 | 권영선
편집디자인 | 나준희
표지디자인 | 올디자인
종이 | 상산페이퍼
인쇄제본 | 우진제책
배본 | 손수레

등록번호 | 제313-2012-191호
등록일자 | 2012년 3월 19일
주소 | 서울특별시 마포구 성미산로14 (648-8) 그린오피스텔 501호
전화 | 070-7765-7298   팩스 | 02-337-7298

ISBN | 9788998440022 13320

이 도서의 국립중앙도서관 출판시도서목록(CIP)은 서지정보유통지원시스템 홈페이지(http://
seoji.nl.go.kr)와 국가자료공동목록시스템(http://www.nl.go.kr/kolisnet)에서 이용하실 수 있습
니다.(CIP제어번호: CIP2013025608)」

3040 인생혁명 프로젝트

열정을
말하라

김병완 지음

생각너머

뜨거운 가슴을 가진 3040대, 그대는 아름답고 위대하다!

인생에서 배신하지 않는 것은 딱 두 가지뿐이다. 그것은 바로 공부와 열정이다. 필자는 그동안 공부에 대한 책을 여러 권 출간한 바 있지만 열정을 주제로 한 책은 이번이 처음이고, 또 마지막이 될 것이다. 무미건조한 삶을 살아가고 있는 3040대에게 공부만큼이나 중요한 열정의 소중함을 일깨워주고자 이 책을 출간하게 되었다.

3040대는 다시 열정의 시대를 살아가야 한다. 자기 자신을 변화시키고 성장의 에너지를 다시 한 번 불어넣어야 한다. 이 책은 세상에 치여서, 직장에 치여서, 가족들에 치여서, 만만치 않은 인생살이에 치여서 자신의 길을 포기하고 안주하며 그럭저

럭 살아가려고 하는 3040대에게 다시 한 번 뜨거운 인생을 살아
가는 기회를 마련해줄 것이다.

긍정을 넘어 열정으로 인생의 2막을 시작하라

인생의 참맛을 조금씩 알기 시작하는 3040대에게 가장 필요
한 것은 무엇일까? 인생의 후반부를 안락하고 여유롭게 살 수
있도록 해주는 돈일까? 수많은 사람들이 존경해주고, 인정해주
는 명성일까? 날아가는 새도 떨어뜨릴 수 있는 권력일까? 남들
이 다 부러워하는 높은 직위와 엄청난 성공일까?

그 모든 것들을 다 가졌어도 오늘의 삶이 뜨겁지 않고 재미가
없고 설레지 않는다면 그 인생은 꽝이다. 3040대에게 가장 필요
한 것은 가슴 뜨겁고, 재미있고, 설레는 인생을 살아갈 수 있게
해주는 열정이다.

링컨은 어렸을 때 교육을 제대로 받지 못했고, 평생 우울증과
시련과 역경으로 고통받았으며, 하는 일마다 실패하고 도전하는

것마다 패배했다. 그럼에도 불구하고 인생의 후반부에 미국의 대통령이 될 수 있었던 것은 그에게 남다른 열정이 있었기 때문이다.

평생 총리가 되겠다는 단 한 가지의 목표를 가지고 있었던 윈스턴 처칠은 수많은 실패로 공직에서 여러 번 물러날 수밖에 없었고, 10년 이상 야인으로 생활하기도 했다. 그러던 그가 66세에 총리가 될 수 있었던 것은 바로 열정이 있었기 때문이다. 전쟁에서 승리한 그에게 영국 국민들은 정치적 패배를 안겨주었고, 70세가 넘은 나이에 그가 다시 재기하리라고는 아무도 예상하지 못했다. 그런 그에게 또다시 영국의 총리가 되는 기적을 가능하게 한 것 역시 열정이었다.

인생의 산전수전을 다 겪은 3040대, 열정만 가지고 있다면 그대들은 이 세상에서 가장 아름답고 위대한 존재다. 인생의 뜨거운 맛, 찬 맛, 더러운 맛을 다 본 그대들이 이 세상에 열정을 강탈당했다면 이 책을 통해 다시 한 번 되찾기 바란다. 돈보다, 직위보다, 권력보다, 성공보다 그대들에게 더 필요한 것은 열정이기 때문이다.

열정이 그 어떤 것보다 더 중요한 이유는 무엇일까? 열정을 되찾게 되면 돈도 벌고, 성공도 하고, 재미도 느끼고, 설레면서 가슴 뛰는 삶을 살아갈 수 있기 때문이다.

열정은 무엇인가에 미치는 것을 뜻한다. 당신의 모든 것을 뜨겁게 불태워본 적이 있는가? 무엇인가에 정신없이 미쳐본 적이 있는가? 그때가 가장 행복하지 않았던가? 그때가 가장 즐겁지 않았던가? 그때가 언제였던가? 왜 열정은 20대들의 전유물이라고만 생각하는가?

이제는 시대가 바뀌었다. 인생은 두 배, 세 배 더 길어졌다. 그러므로 열정도 나누어 가져야 마땅하다. 아니, 아무것도 모르는 리허설에 불과한 20대보다 산전수전을 다 겪고 인생의 참맛을 조금씩 알기 시작하는 3040대에게 더 필요한 것이 열정이다.

인생이 뭔지 모르는 20대들이 어찌 그대들의 뜨거운 열정을 알겠는가? 인생의 참맛이 무엇인지 보이기 시작하는 나이에 다시 한 번 뜨거워지는 열정이 진짜 열정이다. 그대들의 이 열정이야말로 인생을 저 높은 하늘 끝까지 닿을 수 있게 만드는 원동력이고, 삶의 기쁨이며, 열심히 살아온 자에게 주어지는 선물일 것이다. 열정이 있어야 움직이고 시작하고 도전하고 성취할 수 있다.

무엇이 두려운가? 3040대여, 열정을 가지고 나아가자. 열정을 가지고 제2의 인생으로 도약해보자.

열정은 인생의 가치를 아는 자만이 가질 수 있다. 시시하게 살아도 될 만큼 인생이 가치 없는 것이라면 열정도 필요 없다. 하지만 인생은 시시하게 살기에는 너무나 큰 가치가 있다.

열정은 자기 인생의 주인으로 살아갈 수 있게 해줄 것이다. 길어진 인생! 노예로 끌려 다니며 살 것인가, 열정으로 삶의 주인이 될 것인가? 열정을 잃어버린 사람보다 더 불쌍하고 가련한 존재가 있을까? 열정이 없는 삶을 천 년 동안 살게 한다면 그것보다 더 큰 고통이 과연 있을까? 열정을 잃어버리는 것보다 더 큰 파산이 있을까? 열정을 소유하지 못한 인간보다 더 나약한 존재가 있을까?

나는 감히 권하고 싶다. 이 책을 통해 열정을 다시 회복하라고 말이다. 긍정을 넘어 열정으로 인생의 후반전에 멋지게 도전해보자.

위인을 탄생시킨 원동력은 열정이다

빅토르 위고가 『레 미제라블』의 집필을 시작한 나이는 44세였다. 르네상스의 3대 거장 중 한 명인 레오나르도 다 빈치가 세계 미술사에서 가장 뛰어난 그림 가운데 하나로 손꼽히는 〈최후의 만찬〉을 그리기 시작한 나이는 43세였다. 사마천이 중국 최고의 통사(通史)인 『사기』의 저술에 착수했을 때의 나이는 43세였다. 증권거래소 직원이었던 빈센트 반 고흐가 화가의 길로 들어선 것도 바로 그의 나이 43세 때의 일이었다. 신문기자 출신인 이안 플레밍이 첩보영화의 기념비적인 영화라고 할 수 있는 〈007 시리즈〉의 시나리오를 쓰기 시작한 시기는 그의 나이 41세 때였다.

지난 30년 동안 전 세계인들의 마음을 사로잡으며 우리 시대 최고로 사랑받는 작가 중 하나로 손꼽히는 파울로 코엘료는 그의 작품들이 전 세계 168개국에 73개 언어로 번역되어 총 1억 3,500만 부가 넘는 판매부수를 기록했다. 그런 그가 성공적인 첫 작품 『순례자』를 세상에 내놓았을 때의 나이는 40세였다.

그가 1020대에는 정신병원에 수차례 감금되어 입원하기도 했었다는 것을 믿을 수 있겠는가? 그가 히피문화에 심취해서 록밴드 멤버로 활동했었다는 것을 믿을 수 있겠는가? 그가 2030대에는 반정부 활동으로 인해 감옥에 두 차례나 수감되었고 감옥에서 나온 후에는 배우로, 연극 연출가로, TV 프로듀서 등으로 다양한 활동을 했었다는 사실을 믿을 수 있겠는가?

파울로 코엘료가 자신을 세계적인 작가의 반열에 올린 『연금술사』를 출간했을 때 그의 나이는 41세였다. 이 작품은 3,000만 독자가 읽은 현대의 고전으로 이미 자리 잡았다. 수많은 역경을 이겨내고 세계적인 거장이 된 그를 보면 그 어떤 실패를 하더라도, 그 어떤 분야에 몸담고 있더라도 3040대 이후부터 진짜 인생을 살아갈 수 있다는 희망의 증거를 발견하게 된다.

경이적인 베스트셀러 『화성에서 온 남자 금성에서 온 여자』의 저자 존 그레이는 20대에 9년 동안 하루에 열 시간 이상 명상만 하고, 하루에 한 끼만 먹는 힌두교의 수도사 생활을 했다. 명문대가 아닌 대학교를 두 군데나 다니다가 중퇴를 하기도 했다. 그리고 30대 중반에는 이혼까지 했다. 존 그레이의 삶을 들여다볼 때 아무리 실패와 시련과 방황으로 점철된 삶이었다고 해도 열정을 가지고 다시 시작할 용기와 결단력만 있다면 눈부신 미래는 누구에게나 가능하다는 사실을 깨닫게 될 것이다.

수많은 실패와 좌절과 방황을 극복하고 그가 다시 시작하여 눈부신 미래를 선사해준 경이적인 베스트셀러 『화성에서 온 남자 금성에서 온 여자』를 집필하고 출간했을 때 그의 나이는 41세였다.

세계적인 시인이며 미국의 르네상스 그 자체가 되었고, 버락 오바마와 오프라 윈프리의 정신적인 멘토가 된 마야 안젤루가 여러 직업을 전전하다가 자신을 세계적인 베스트셀러 작가의 반열에 올려놓은, 그녀의 삶을 180도 바꾸어놓은 소설 『새장에 갇힌 새가 왜 노래하는지 나는 아네』라는 책을 발표했을 때 그녀의 나이는 42세였다.

31개국에 8개 언어로 번역되어 800만 부 이상의 판매기록을 세우면서 전 세계인들에게 감동과 용기를 심어준 『뿌리』의 저자 알렉스 헤일리가 그 소설을 쓰기 시작했을 때는 20년 이상 군생활을 마치고 생활고에 시달리던 무명작가 시절이었다. 56세에 완성된 이 소설을 쓰기 시작했을 때 그의 나이는 44세였다.

안락한 삶과 편안한 노후를 보낼 수 있었던 샘 월튼이 자신의 모든 재산을 은행에 저당 잡히면서 위험천만한 '월마트' 할인점 사업을 시작했을 때 그의 나이는 44세였다.

이처럼 열정을 가지고 새롭게 무엇인가를 시작할 수 있다는 것은 인생의 큰 기쁨이요, 선물이다. 이 모든 것을 가능하게 해주는 원동력은 바로 열정이다. 지칠 줄 모르는 열정을 가졌다면 이 세상의 그 어떤 것보다 값진 것을 가지고 있는 셈이다.

열정의 3040대, 인생의 주인이 되어라

열정 없이 어떻게 이 힘든 세상을 살아갈 수 있겠는가? 열정 없이 어떻게 자기 인생의 당당한 주인으로 살아갈 수 있겠는가? 열정 없는 3040대는 인생에서 가장 중요한 것을 잃어버린 것이나 다름없다. 빼앗긴 들에도 봄은 오지만 열정을 빼앗긴 3040대에게는 영원히 봄이 오지 않기 때문이다.

어쩔 수 없이 늙어가는 것과 주도적으로 살아가는 것은 전혀 다른 삶을 안겨준다. 그 차이는 열정이 있느냐 없느냐에 따라 달라진다. 인생의 참된 의미는 아무 문제없이 조용히 살아가는 것이 아니라 열정을 가지고 끊임없이 문제를 만들며 살아가는 데 있다. 어떤 삶이 더 가슴 뛰고 후회 없는 삶이 될 것 같은가?

아무 문제없이 조용히 살아가는 최고의 방법은 지하실에 방을 만들어놓고 그곳에서 나오지 않는 것이다. 하지만 그런 삶에는 그 어떤 의미도, 가치도, 도전도, 기적도, 열정도, 사랑도, 관계도, 기쁨도, 즐거움도, 짜릿함도 존재하지 않는다는 사실을 명심해야 한다. 무미건조하고 재미없고 열정도 없는 그런 삶을 살 것인가, 아니면 즐거움과 기쁨과 가치가 있는 열정적인 삶을 살 것인가?

3040대여, 다시 한 번 열정을 무기 삼아 도약을 준비하자. 지금까지 열심히 살아온 것만 해도 이미 당신은 절대 강자다. 거기에 열정까지 더해진다면 전혀 다른 세상을 맛보며 살게 될 것이다. 이 세상에서 가장 아름답고 위대한 열정을 품은 그대들에게 이 책을 바친다.

01 • 3040대의 열정은 차원이 다르다

04 · 3040대에게 열정은 선택이 아닌 필수다

chapter

1

"큰 나무도 가느다란 가지에서 시작된다.
10층 석탑도 작은 벽돌을 하나하나 쌓아올리는 것에서 출발한다.
천 리 길도 한 걸음부터 시작이다. 마지막에 이르기까지 처음과 마찬가지로
주의를 기울이면 어떤 일이라도 탁월하게 해낼 수 있다."

– 노자 –

3040대의 열정은 차원이 다르다

한 차원 높은 열정으로 인생 2막을 준비하라 ◉ 무엇과도 바꿀 수 없는 열정의 즐거움 ◉ 니들이 3040대의 열정을 알아? ◉ 단순함이 집중력과 열정을 키운다 ◉ 선택과 집중의 힘을 발휘해야 할 때다 ◉ 한 가지 일과 혼연일체가 되어라 ◉ 위대한 인물에게서 위대한 열정을 배우다 ◉ 쉼 없는 열정이 가슴 뛰는 내일을 만든다 ◉ 늙는 사람과 성장하는 사람의 차이

한 차원 높은 열정으로
인생 2막을 준비하라

열정이라고 다 같은 열정은 아니다. 특히 인생의 산전수전을 다 겪은 3040대의 열정은 차원이 달라야 한다. 열정의 시대에 살고 있지만 우리가 가진 열정, 우리를 이끄는 열정은 제각기 다를 수밖에 없다.

명화의 반열에 오른 〈냉정과 열정 사이〉라는 영화를 보면 다음과 같은 명대사가 나온다.

"모든 것을 포용해도, 완벽하다 싶을 정도로 좋은 사람이 된다 해도 나로서는 절대로 얻을 수 없는 사랑이 있는 거다. 늘 아름다운 주인공을 꿈꾸는 우리. 그러나 때로는 누군가의 삶에 이토록 서글픈 조연일 수 있음에.”

20대 청춘들이 가장 열정을 느낄 때는 이성을 사랑할 때 아닐까? 그러나 인생의 열병과 같은 20대를 지나 3040대가 되면 더 이상 이성이 아닌 인생과 세상에 대한 열정을 가져야 한다. 최소한 살다 간 흔적을 남길 수 있는 인생에 대한 열정을 품을 최적의 시기이기 때문이다.

3040대에 남들처럼 그저 열심히 공부하고, 열심히 일하는 것만으로는 열정을 가진 것이라고 할 수 없다. 누구나 다 그렇게 살아가기 때문이다. 무엇보다 하루하루 열심히 살아가는 사람들은 열정에 의해서라기보다는 생계와 현실의 문제 때문에 그렇게 살아가는 경우가 많다.

헬렌 켈러는 이런 말을 했다.

“인생은 과감한 모험이든가, 아니면 아무것도 아니다.”

이 말을 우리나라의 3040대에게 던지고 싶다. 모험을 하지 않고 살아간다면 그것은 아무 열정도 없는 삶을 살고 있다는 명백한 증거가 된다. 가정주부로 살다가 40대에 작가의 삶을 시작한 소설가 박완서 씨, 평범한 직장인으로 살다가 마흔을 전후해 1인 기업가로 모험을 시작한 변화경영전문가 구본형 씨, 지금도 활발하게 활동하고 있는 대한민국 1호 1인 기업가 공병호 씨 등은 모두 3040대에 한 차원 높은 열정을 통해 새로운 인생 2막을 개척한 사람들이다.

열정이라고 다 같은 열정이 아니기에 어떤 식으로 열정을 발휘하느냐에 따라 남은 삶의 모습과 질이 달라질 수밖에 없다. 필자는 운이 좋게도 마흔을 전후해 20대의 열정과 다른 인생에 대한 열정을 가진 덕분에 지금은 삶의 내용과 모습, 질과 격의 차원이 달라진 1인이 되었다. 열정은 삶의 질에 직접적으로 영향을 미친다기보다는 삶의 모습을 변화시킬 수 있는 그 무엇인가를 움직이게 하고 불타게 하는 점화장치와 같은 것이다.

무엇과도 바꿀 수 없는
열정의 즐거움

"일이 잘 안 풀려 궁색할 때는 홀로 자기 몸을 닦는 데 힘 쓰고, 일이 잘 풀릴 때는 세상에 나가 좋은 일을 하라."

맹자가 한 말(窮卽獨善其身 達卽兼善天下, 궁즉독선기신 달즉겸선천하)이다. 이제 와서 보니 이 말은 필자의 3040대의 삶과 매우 닮아 있는 듯하다.

11년 동안 직장생활을 하면서 특별히 일이 잘 안 풀린 적은 없었지만, 이상하게도 시간이 흐르면 흐를수록 마음 한 구석에서 무언가 잘못되어가고 있다는 생각이 들었다. 직장을 그만두는 많은 3040대의 모습이 이와 다르지 않을 것이다. 직장에 남아서 짧게는 5년, 길게는 15년 이상을 더 다닌다고 해도 더 나은 인생이 펼쳐질 것 같지 않은 막연한 두려움과 불안, 특히 삶에 대한 회의는 열정이 사그라진 평범한 3040대에게 굉장한 치명타다.

외적으로 크게 문제가 없어 보여도 새로운 돌파구의 필요성을 깨닫게 되는 때가 3040대 아닐까? 최소한 필자는 그렇게 새로운 열정을 가지게 되었다. 3040대의 삶에 대한 열정은 필자로 하여금 하루하루 치열하게 살아야 할 직장에서 벗어나 기적과 마법의 공간인 도서관으로 매일 출근하도록 이끌었다.

재미있는 사실은 도서관에 다니면서 3년 가까운 시간 동안 꼬박 세상과 단절한 채 고독한 삶을 살았다는 것이다. 뉴스도 보지 않고, 신문도 보지 않고, 심지어 취미생활이나 운동마저도 다 끊었다. 골프, 수영이나 술, 담배까지도 다 끊고 하루 종일 책만 보는 그런 극도로 단순한 삶을 살았다. 3년이면 1,095일인데 그중에서 3개월을 제외하고 1,000일 정도는 하루 열 시간에서 열다섯 시간 동안을 책만 보았다.

1020대에 가졌던 이성에 대한 열정과는 차원이 다른 인생에 대한 열정은 필자로 하여금 세상과 단절한 채 오로지 책만 읽도록 했다. 그리고 그 덕분에 지금은 작가로, 강연가로, 방송도 하면서 살아가고 있다.

필자가 도서관에서 발견한 진짜 열정은 돈이나 명성, 성공 때문에 움직이는 열정과 차원이 다른 것이었다. 그중 가장 큰 차이는 3년 동안 연봉이 제로였다는 것이다. 특히 3년이라는 길지도 짧지도 않은 세월 동안 사회라는 시스템에서 완전하게 떨어져 나와 성공의 발판이 될 수도 있는 인맥을 완전히 끊어버렸다는 것은, 부와 성공에 대한 갈망으로 열심히 사는 사람이 가진 열정과는 전혀 다른 종류의 열정이었다. 물론 생활비가 없어서 고생도 하고, 가족들의 생계가 위협을 받기는 했다.

열정이 있는지 없는지를 알 수 있는 가장 쉬운 방법은 돈을 한 푼도 받지 않고 평생 그 일을 할 수 있느냐 없느냐를 보면 된다. 최소한 필자는 돈 한 푼 받지 않고, 오히려 그동안 힘들게 번 돈을 한 푼 두 푼 까먹으면서 평생 책을 읽고 싶었다. 그리고 그것을 실천한 결과 전혀 다른 인생을 살게 되었다.

열정의 정도를 평가한다는 것은 무의미하다. 그럼에도 이를 평가하고자 하는 이유는 너무 많은 사람들이, 자신이 열정적이라고 쉽게 평가하고 자위하며 살아가고 있기 때문이다. 사실 알고 보면 열정적이지 않은 삶을 살아가는 사람들이 많은데 말이다.

세상 사람들이 다 욕하고, 비난해도 그 일을 평생 할 수 있겠는가? 가족들이 굶거나 힘든 생활을 해도 그 일을 포기하지 않을 수 있겠는가? 이 질문에 모두 예스라고 자신 있게 답할 수 있다면 열정적으로 살아가고 있는 것이다.

필자는 최소한 3년 동안은 위의 질문에 모두 예스라고 대답을 할 수 있을 정도로 한 가지 일에 최고의 열정을 다했다. 3년 동안만 이렇게 살긴 했지만, 사실은 평생 이렇게 살아가려고 생각했다. 3년 동안 책에 미쳤던 이 시기가 필자에게는 최고의 순간이었다.

오히려 열심히 살았던 때는 학창 시절이나 직장생활을 하던 때였다. 그렇게 열심히 살아도 어제와 별반 다를 바 없는 그저 그런 인생이 펼쳐질 뿐이었다. 하지만 조금 덜 열심히 살아도, 아등바등하며 살지 않아도, 남들보다 한 차원 높은 열정을 가지고 3년 정도 살자 남들과 전혀 다른 인생을 살아갈 수 있게 되었다.

방송에도 자주 출연하고, 여기저기서 강연 요청도 들어오고, 자신의 이름으로 책도 출간하고, 신문이나 잡지에도 자주 보도되고, 삼성이나 중국, 독서법 관련하여 다큐멘터리 제작에 필요한 인터뷰 요청도 들어오게 되었다. 3년 전 직장생활을 할 때는 도저히 상상도 할 수 없었던 일이었다. 그런데 지금 현실이 되어버렸다. 가장 신기한 일은 방송에 출연해 달라는 제안이 들어왔을 때 아무렇지도 않게 일상처럼 출연해서 방송을 하게 되었다는 사실이다.

평범한 직장인으로 11년을 살았던 필자에게는 이러한 일들이 기적이 아닐 수 없다. 처음부터 능력자로 태어나 수석 합격을 하고, 명문대에서 수석 졸업을 하고, 위대한 업적을 보란 듯이 성취해내는 사람들에게는 이런 일들이 일상일 수 있지만, 평범한 삶을 쭉 살아왔던 필자에게는 이런 일들이 꿈만 같다. 그래서 지금도 가슴이 설렌다. 꿈에도 생각지 못한 작가의 삶, 강사의 삶, 방송 하는 삶, 신문과 뉴스에 자주 노출되는 그런 삶을 살고 있기 때문이다.

누구에게나 똑같이 하루 24시간이 주어진다. 하지만 어떤 사람은 24시간을 48시간처럼 사용하고, 반대로 어떤 사람은 동일한 24시간을 12시간처럼 사용한다. 이것은 다만 시간을 효율적으로 사용한다는 시간적인 측면에서 하는 이야기다. 시간적인 측면을 초월하여 누구는 아등바등 서두르지 않고도 최고의 하루를 보내지만, 누구는 열심히 살기는 하는데 평범한 하루를 보내기도 한다.

그 차이가 무엇일까? 노력의 문제도 아니고, 시간 효율의 문제도 아니다. 그 차이는 어떤 식으로 열정을 발휘했느냐에 따라 달라진다.

남들과 다른 인생을 살고 싶다면 한 차원 높은 열정을 발휘할 필요가 있다. 부와 명예를 좇아가는 열정을 선택한 사람은 아무리 많은 돈을 벌어도 평범함에서 벗어날 수 없다. 하지만 한 차원 높은 열정을 선택한 사람은 머지않아 평범함에서 벗어나 남들과 다른 인생을 살아가게 되고, 그러한 선택과 남다른 열정은 그 사람을 비범한 인물로 이끌어준다. 소가 수레를 이끌고 가듯 생각은 우리를 이끌어가고, 열정은 우리의 인생을 달라지게 만드는 것이다.

니들이
3040대의 열정을 알아?

인생을 살다 보면 아주 중요한 것들을 운 좋게 깨닫게 되는 경우가 있다. 열정도 마찬가지다. 필자는 고등학교 시절 미처 몰랐던 것들을 20대 중반에 알게 되어 마치 인생을 다 산 것처럼, 도통한 사람처럼 좋아했던 적이 있다. 하지만 마흔이 되어 보니 20대 시절의 깨달음과는 비교도 안 되는 새로운 깨달음을 얻을 수 있었다.

인생의 경험은 시간의 제약에서 자유로울 수 없다. 하지만 인생의 경험은 결코 간과하지 못할 만큼 중요한 교훈을 준다. 여기에 다독을 통해 시공간을 초월하여 인류 최고의 정신문화와 교류를 하게 되면 좀 더 나은 인생을 살아갈 수 있다. 인생 경험과 다독을 통해 세상을 보는 눈이 생기면 좀 더 가치 있는 열정에 비로소 눈을 뜨게 되고 새로운 시각을 갖게 된다.

사마천은 『사기 열전』에서 어떤 죽음은 새털처럼 가볍지만, 어떤 죽음은 태산처럼 무겁다고 말했다. 열정도 이와 다르지 않다. 참을 수 없을 민큼 가벼운 열정이 있는 반면, 태산보다 더 무거운 열정이 있다. 3040대의 열정은 후자와 닮아 있다. 3040대의 열정은 인생의 모든 것을 걸 수 있을 만큼 큰 열정이며, 무거운 열정이다.

1020대에는 잘 먹고 잘 사는 것, 좋은 사람을 만나는 것, 뜨거운 사랑을 해보는 것, 멋진 추억을 만들어보는 것, 좋은 대학과 좋은 직장에 들어가는 것 등에 집중한다. 하지만 3040대의 열정은 이들의 열정과 다르다. 3040대의 열정은 먼저 스케일이 다르다. 1020대의 열정이 사랑을 다투는 열정이며 개인적인 열정이라면, 3040대의 열정은 사회와 국가를 염두에 둔 열정이다.

3040대의 열정은 재주나 능력만을 키우는 열정이 아니라 사람 그 자체를 키우는 열정이어야 한다. 3040대의 열정에도 종류가 많지만 그중 하나가 세상과 천하를 다투는 열정이다. 개인의 부와 명예를 위한 열정이 아니다. 이러한 열정을 가진 자는 개인의 사사로운 부와 성공에 집착하지 않는다. 그것이 큰 열정을 가진 사람들의 한결같은 모습이다. 그런 점에서 아무리 나이가 많다고 해도 자신의 입신양명만을 목적으로 한 열정은 청년의 열정과 같다고 말할 수 있다.

3040대가 되면 모든 것이 달라진다. 열정의 차원이 달라지기 때문이다. 3040대가 선택하는 열정, 이들의 마음을 사로잡는 열정은 자기 자신에게 국한되지 않는다. 그런 점에서 사사로운 욕심과 큰 관련이 없는 열정이다.

그렇다고 무조건 1020대의 열정을 폄하하려는 것은 아니다. 1020대 중에도 3040대 못지않게 생각이 깊고 넓은 이들이 적지 않다. 하지만 아무래도 청년과 장년의 생각은 그 깊이와 넓이에서부터 차이가 날 수밖에 없다.

단순함이 집중력과 열정을 키운다

　3040대의 열정은 한마디로 단순하다. 단순함이야말로 성공의 가장 큰 법칙이다. 특히 가진 것도 없고, 능력도 없는 사람이 자신의 능력을 뛰어넘을 수 있는 단 한 가지 비결은 단순한 삶을 사는 것이다. 그래서 필자는 "단순한 것이 최고다(Simple is the best)"라는 말을 좋아한다. 반면 청년의 열정은 매우 복잡하다. 하고 싶은 것이 너무나 많고, 되고 싶은 것도 너무나 많기 때문이다. 호기심이 가장 왕성한 이때에는 세상의 모든 경험을 하고 싶은 욕망이 가득하다.

　우리나라 속담에 "낙숫물이 댓돌을 뚫는다"는 말이 있다. 작고 미약한 힘이라도 멈추지 않고 계속해서 기울이면 큰일을 해낼 수 있다는 뜻이다. 이 원리를 잘 생각해보면 단순한 삶을 사는 사람이 능력이나 지식이 부족해도 결국엔 더 많이 성공하는 이유를 충분히 이해할 수 있다.

3040대의 열정을 가진 자는 절대로 필요 없는 일에 에너지를 낭비하지 않는다. 시간도 마찬가지다. 자신이 선택한 한 가지 일을 제외하고 다른 일들은 모두 시간낭비라고 극단적으로 생각하는 경향이 있다. 그런데 이런 사람들이 결국에는 그 분야에서 눈에 띄는 성과를 만들어내고 대가가 되고 고수가 되곤 한다.

피카소, 모차르트, 타이거 우즈, 박세리나 김연아 선수의 공통점은 바로 놀랍도록 단순한 삶을 살았다는 데에 있다. 김연아 선수는 또래 10대들이 다양한 생활을 하는 그 시기에 하루 종일 스케이트만 탔다. 피카소는 그림만 그렸고, 모차르트는 음악만 했고, 타이거 우즈와 박세리 선수는 골프만 쳤다.

단순함은 사람을 현명하게 하고, 강하게 하고, 무엇보다 한 가지 일에 집중할 수 있게 해준다. 그리고 집중은 성공을 가로막는 많은 장애물들을 거침없이 헤쳐 나갈 수 있게 해준다. 평범한 사람이 남다른 성과를 창출해내는 유일한 비결은 바로 '단순함'이다.

필자는 11년 동안 대기업에서 지금보다 더 열심히 아등바등하며 살았음에도 인생은 평범했고, 특별한 성과를 창출해내지 못했다. 한마디로 그저 그런 인생을 살았다. 하지만 회사를 그만두고 도서관에서 단순한 삶을 살기 시작하자 다른 사람들이 몇 년씩 공을 들여 쓸 수 있는 책을 1년이라는 시간 동안 만들게 되었다. 그 힘은 바로 단순함에 있었던 것이다.

단순한 삶을 살면서 한 가지 큰 깨달음을 얻었다. 그것은 한걸음 한걸음 나아가는 것이 결코 작고 미비한 일이 아니라는 사실이었다. 그러한 깨달음은 우직하게 한 단계씩 더 나아갈 수 있도록 해주었다. 만약 욕심이 생겨 더 빨리 무엇인가를 해내려고 했다면 그 어떤 것도 이루지 못했을 것이다. 단순한 삶을 살기 위해서는 이처럼 욕심이나 조급함을 버려야 한다.

"큰 나무도 가느다란 가지에서 시작된다. 10층 석탑도 작은 벽돌을 하나하나 쌓아올리는 것에서 출발한다. 천 리 길도 한 걸음부터 시작이다. 마지막에 이르기까지 처음과 마찬가지로 주의를 기울이면 어떤 일이라도 탁월하게 해낼 수 있다."

노자의 이 말에는 단순한 삶을 살아가는 사람들의 가장 큰 원리가 담겨 있다. 작은 벽돌 하나하나를 쌓아올리는 모습에서 단순한 삶을 추구하는 사람들의 모습을 발견할 수 있다. 천 리 길을 가고자 한 번에 두세 걸음씩 걷는 사람들은 쉽게 넘어지고 지칠 수밖에 없다.

3040대의 열정이 이끄는 단순한 삶을 살기 위해서는 많은 것을 포기해야 한다. 특히 시간의 압박을 초월해야 하고, 세상의 평가나 인정에 연연하지 않아야 한다.

선택과 집중의 힘을
발휘해야 할 때다

3040대의 열정은 포기할 줄 아는 사람만이 선택할 수 있는 차원 높은 열정이다. 이때에는 열정을 다 쏟아부을 단 한 가지를 제외하고 다 버릴 줄 아는 대담함이 필요하다. 남들과 비교하는 습관에 젖어 있는 사람들은 절대로 실천할 수 없는 열정의 길이다.

당신이 지금 위대한 인생을 살지 못하는 단 한 가지 이유는 당신의 능력이 부족하기 때문이 아니라, 당신이 더 많은 것을 포기하지 못하기 때문이다. 많은 것들을 포기하는 사람만이 큰 것 한 가지를 얻을 수 있다.

많은 사람들이 너무 많이 가지려고 욕심을 내기 때문에 결국에는 단 한 가지도 얻지 못하게 된다. 이러한 사실은 3040대의 열정이 강력한 힘과 위대한 원리를 담고 있다는 것을 말해준다.

자신에게 가장 중요한 단 한 가지를 발견하고 선택하라. 그리고 그 길을 가라. "가장 힘든 길을 가려면 한 번에 한 발씩만 내딛으면 된다. 단, 계속해서 발을 움직여야 한다"는 중국 속담을 기억하자.

코끼리를 먹는 유일한 방법은 '한 번에 한 입씩' 먹는 것이다. 이 방법이 3040대에게도 필요하다. 즉, 3040대에는 하루에 한 가지를 선택해 그 일을 하고, 다음 날에도 똑같이 그 일을 하고, 다다음 날에도 그러한 삶을 반복해야 하는 것이다. 그렇게 하면 타인과 전혀 다른 삶을 살아갈 수 있다. 그리고 그러한 삶을 통해 평범한 인간에서 비범한 인간으로 변해가는 자신을 발견하게 될 것이다.

남과 비교하지 않고 흔들리지 않으며 묵묵히 자신만의 길을 갈 수 있는 힘은 바로 3040대의 열정에서 나온다. 그 열정은 한 가지 일에만 파고드는 열정이며, 반대로 그 한 가지 외에는 모든 것을 내버릴 수 있는 열정이다.

남과 다른 길을 갈 수 있게 해주는 3040대의 열정은 그 자체로 시간과 에너지를 아껴준다. 일을 아무리 많이 해도 성과가 쌓이지 않는 이유는 남과 같은 길만을 가려고 노력하기 때문이다. 처음에는 그런 길이 빨라 보이고, 좋아 보이고, 편해 보이고, 성공적으로 보일 수 있다. 하지만 시간이 조금만 지나면 그런 길에서 벗어나는 것조차 힘들어진다는 사실을 알게 된다.

성과가 점점 더 쌓이고, 점점 더 빨라지고, 점점 더 높아지고 두꺼워지려면 처음에는 우직하게 한 걸음씩 발을 내딛는 과정이 반드시 필요하다. 그 길을 가게 해주는 것이 3040대의 열정이다.

3040대 열정의 가장 큰 매력은 여기저기 다른 사람들의 성공에 눈길조차 주지 않는다는 것이다. 오직 한 가지 길만을 가고, 한 가지만 아는 그런 사람이 된다. 그래서 약삭빠른 사람들과 다른 인생을 살아가는 것이다. 손해를 봐도 아랑곳하지 않는다. 그 길이 자신에게는 세상에서 가장 가치 있는 길이기에 그 길을 간다는 것만으로도 이미 최고의 보상과 대우를 받은 것이나 마찬가지이기 때문이다.

3040대에 열정을 가진 자는 이미 자신만의 길을 감으로써 최고의 성공을 거두고, 매일 최고의 대우와 보상을 받고 맛보는 사람이다. 그래서 최고라고 말할 수 있다.

한 가지 일과
혼연일체가 되어라

중국의 어느 현인이 "쉬운 것이 바른 것이다"라는 심오한 말을 남긴 바 있다. 평범한 사람들은 위대한 인물들이 평생 매우 어렵고 난해한 일들을 했을 것이라고 생각한다. 그래서 그렇게 힘들고 어려운 일을 하면서 위인이 되느니 차라리 편하고 쉽게 살아가고 싶다고 생각하며 위인들과 자신들의 삶의 간격을 벌려놓는다. 하지만 이런 생각은 큰 오산이다.

위대한 인물들의 삶을 들여다보면 매우 간단하고 재미있었다는 것을 알 수 있다. 오히려 평범한 사람들의 삶이 더 빡빡하고 힘들고 어렵다는 사실을 인식할 필요가 있다.

위대한 화가 피카소는 평생 거의 매일 하루에 한 장씩 그림을 그렸다. 모차르트는 평생 작곡을 하면서 살았다. 또 프로이트는 평생 600여 편이 넘는 논문을 발표했다.

흔히 노벨 물리학상과 노벨 화학상을 받은 퀴리 부인 같은 사람은 평생 실험실에 박혀 힘든 삶을 살았을 것으로 생각하기 쉽다. 하지만 사실 퀴리 부인은 매일 아침 마치 어린아이가 놀이터에 가듯 즐겁고 신나는 마음으로 실험실을 찾았다고 한다.

결론적으로 매일 그것을 한다는 것은 그것을 즐길 줄 안다는 것이고, 그것을 할 때 가장 행복하고 즐겁다는 것을 뜻한다. 즉, 쉽고 즐거운 삶을 사는 것이다.

필자의 경우도 이와 다르지 않다. 사람들은 글을 쓰는 것이 너무 힘들고 어렵다고 말한다. 하지만 3년 동안의 단순한 삶은 필자로 하여금 세상에서 가장 즐거운 일, 세상에서 가장 쉬운 일이 글을 쓰는 일이 되게 해주었다.

오히려 위인들의 삶은 매우 단순하고 쉽고 편했다. 오직 하나만 하면 되었기 때문이다. 반대로 평범한 현대인들의 삶은 매우 복잡하고 어렵고 힘이 든다. 과중한 업무와 멀티태스킹(multitasking)이 만연해진 사회와 시대 탓이다.

계속해서 기술을 배우고 지식을 습득하고 자기 계발을 하고 있지만, 날이 갈수록 힘이 들고 어려워지고 복잡해져가는 것을 외면할 수 없는 현실이다. 하지만 고수가 된 사람들은 과감하게 멀티태스킹을 포기하고, 더 많은 것들을 배우거나 익히려고 하지 않는다. 오직 한 가지 일에만 천착한다. 그 결과 비로소 즐길 수 있을 만큼 그 일이 쉬워지고 그 일과 자신이 하나가 되는 것이다.

위대한 인물에게서
위대한 열정을 배우다

피터 드러커는 식지 않는 열정 덕분에 위대한 경영학자들을 제치고 현대 경영학의 아버지로 추앙받을 수 있게 되었다. 그에게 열정을 깨닫게 해준 사람은 다름 아닌 주세페 베르디였다.

피커 드러커는 열여덟 살에 처음으로 오페라를 관람하고 삶에 대한 엄청난 열정과 에너지를 느꼈다. 그리고 문득 작곡한 사람이 누구인지 궁금한 마음에 자료를 찾아보다가 엄청난 충격을 받았다. 베르디라는 작곡가가 여든 살이라는 고령의 나이에 그렇게 삶에 대한 열정과 에너지가 넘치는 오페라를 작곡했다는 사실을 발견했기 때문이다.

'인생에 대한 열정으로 가득 차 믿을 수 없을 만큼 활기가 넘치는 오페라 폴스타프를 작곡한 사람이 여든 살의 노인이 었다니!'

베르디의 삶에 빠져들 수밖에 없었던 피터 드러커는 그의 삶을 들여다보며 자신도 열정에 가득 찬 삶을 살겠노라고 다짐하고 또 다짐했을 것이다.

베르디는 이미 세상의 부와 명성을 다 얻고 편안하게 쉬어도 될 나이였지만, 그러한 상황에서도 젊은이 못지않게 힘든 작곡을 하면서 노년을 보냈다. 그것을 본 누군가가 다음과 같은 질문을 던졌다.

"선생님은 이미 19세기 최고의 작곡가이십니다. 그렇게 높은 명성을 얻으신 분이 왜 그렇게 엄청난 곡을 작곡하시려고 하십니까, 그것도 그렇게 많은 나이에? 왜 굳이 힘든 오페라 작곡을 계속 하시는 것입니까? 힘들지 않으십니까?"

이 질문에 베르디는 다음과 같이 답했다.

"음악가로서 나는 일생 동안 완벽을 추구해왔다. 완벽하게 작곡하려고 애썼지만 하나의 작품이 완성될 때마다 늘 아쉬

움이 남았다. 때문에 나에게는 분명 한 번 더 도전해볼 의무
가 있다고 생각한다."

이 말에 충격을 받은 피터 드러커는 평생 베르디가 한 말과 그
의 인생을 잊지 않고 가슴 속에 새겨 삶의 교훈으로 삼았다. 그
덕분에 피터 드러커 역시 베르디처럼 평생 열정으로 가득 차 있
는 삶을 살아갈 수 있었다.

위대한 석학인 피터 드러커는 베르디를 통해 열정을 배우고,
그러한 열정을 평생 가슴 속에 지니며 살았기 때문에 누구보다
더 행복하고 성공적인 삶을 살아갈 수 있었다. 그가 열정을 깨우
치지 못했다면, 그래서 중년이 되고 노년이 되어 어느 정도 성공
하는 데 그쳤다면, 남들처럼 성장과 배움을 멈추고 안주했다면
그 역시 다른 사람들과 다를 바 없는 평범한 사람이 되었을 수
도 있다. 인간을 위대하게 만드는 것은 능력이나 지식이 아니라
바로 열정이다.

쉼 없는 열정이
가슴 뛰는 내일을 만든다

3040대가 되어서 그전보다 더 뜨거운 삶을 살지 않으면 자연스럽게 정체되고 도태될 수밖에 없다. 단순히 외형적인 성공이 가슴 뛰는 삶의 요인이 되지는 못한다.

1020대에는 그저 좋은 대학에 들어가거나 그럴듯해 보이는 직장에만 취업해도 가슴이 설렌다. 가슴이 설레는 것을 넘어 가슴이 뛰고 피가 끓는다. 인생에 대한 호기심으로 가득 차 있는 이 시기에 무엇을 해도 가슴이 설레는 것은 무척 자연스러운 일이다. 하지만 3040대가 되면 무엇을 해도 쉽게 가슴이 뛰거나 설레지 않는다. 아무리 열심히 해도 불가능한 것들이 존재한다는 사실을 하나씩 깨달아가면서 자신도 모르게 내면에 형성된 삶에 대한 좌절과 의욕 상실로 인한 무기력증에 빠져버렸기 때문이다.

1020대에는 한두 번 실패해도 다시 도전하고, 새로운 꿈을 꾸고, 새로운 목표를 설정한다. 하지만 3040대가 되면 한두 번의 실패도 경험할 일이 별로 없다. 왜냐하면 도전이나 모험 자체를 애당초 시작조차 하지 않기 때문이다.

니체의 표현을 빌리자면 너무나 많은 사람들이 실패와 좌절을 경험한 나머지 자신의 인생을 주도하고 스스로가 주인이 되는 사자의 삶을 살지 못하고, 주인이 억지로 얹은 짐을 지고 대상 행렬을 따르는 무기력한 낙타의 삶을 자신도 모르게 무의식중에 선택하여 그 길을 가고 있는 것이다. 3040대는 무기력이라는 사막을 건너가고 있는 낙타와 같다.

이와 달리 1020대는 사막을 건너는 중에 가슴 설레는 오아시스와 같은 사랑과 새로운 경험에 대한 기대감으로 나태해지거나 축 처질 겨를이 없다. 3040대의 삶은 항상 이러한 것들로부터 소외되고, 방치되어왔다. 그래서 젊음을 질투하고 시기하며 아까운 시간을 낭비하며 살고 있는 것이다. 심상이 심하게 뒤틀린 노인들의 심보가 고약한 이유가 여기에 있다고 할 수 있다. 물론 평생 자신의 삶을 멋지고 당당하게 살아온 사람들은 젊음을 질투하고 시기하지 않는다. 이제까지와 마찬가지로 노년의 삶도 그 어떤 젊은이들의 삶보다 더 열정적이고 더 에너지가 넘치기 때문이다.

자신이 원하는 삶을 살지 못하는 3040대의 가장 큰 문제점은 무기력증이다. 그런데 더 큰 문제는 무기력이 학습된다는 사실이다. 학습된다는 사실은 알게 모르게 갈수록 그 영향력이 강해진다는 것을 의미한다.

어떤 사람들은 아침에 일어나는 것이 무섭고 두렵다고 말한다. 학습된 무기력에 자신을 내맡긴 사람들은 하루하루가 짜릿하고 신나지 않는다. 그래서 아침에 눈을 뜨는 것조차 힘이 들고 두렵고 어렵다. 하지만 열정으로 가득 차 있는 사람들은 무기력하지 않다. 이런 사람들은 오히려 아침이 기다려지고 기대된다.

가슴 뛰는 삶을 살아야 할 이유가 가장 절실한 사람들은 청년들이 아니라 바로 3040대다. 학습된 무기력을 타파할 수 있는 가장 강력한 무기는 열정이다. 3040대에 열정이 결여된 사람들은 무기력에 사로잡혀 노예처럼 끌려가는 삶을 살지만, 열정이 있는 사람들은 무기력에서 벗어나 자신의 인생을 능동적으로 활기차게 이끌어간다. 무기력을 극복할 수 있는 것은 돈이나 명성이나 성공이 아니라 바로 열정이다.

늙는 사람과
성장하는 사람의 차이

 같은 3040대라도 어떤 사람은 하루하루 눈에 띄게 늙어가고, 어떤 사람은 하루하루 눈에 띄게 성장해나간다. 이 차이를 가르는 것이 바로 3040대만이 가질 수 있는 강력하고 차원 높은 열정이다.

 열정이 없는 사람은 인생의 후반전을 무기력하게 하루하루 늙어가면서 살아가고, 열정이 가득한 사람은 노년에도 성장하고 배우면서 활기차게 살아간다. 대표적인 인물로 영국의 극작가 조지 버나드 쇼가 있다. 우리는 이런 사람들에게서 삶을 제대로 살아가는 방법을 배워야 한다.

 조지 버나드 쇼는 노벨 문학상을 수상하고 95세까지 극작가로, 소설가로, 문학비평가로 열정을 불태우며 조금도 지루할 틈 없는 인생을 살았다. 그는 자신의 묘비명에서조차 자신의 성공적인 삶의 비결을 다음과 같이 유머러스하게 밝히기도 했다.

'우물쭈물하다가 내 이럴 줄 알았지!'

조지 버나드 쇼가 그렇게 살 수 있었던 원동력은 삶에 대한 뜨거운 열정을 간직하고 있었다는 데 있다. 그는 철저하게 소모된 다음 죽기를 원했다. 그리고 더 열심히 일할수록 더 오래 산다는 것을 알았다. 무엇보다 삶을 즐겼다. 그가 남긴 유명한 말을 통해 어떠한 자세로 평생을 살아왔는지 잘 알 수 있다.

"나에게 인생은 더 이상 '곧 꺼질 촛불'이 아니다. 인생은 잠시 들고 있는 영롱한 횃불 같은 것이다. 다음 세대에게 그것을 넘겨주기 전에 가능하면 밝게 타오르게 하고 싶다."

하루하루 그저 나이만 먹고 늙어가는 사람의 가장 큰 특징은 그 어떤 것도 배우려고 하지 않는다는 것이다. 배움이 없는 사람은 빨리 늙어가게 되어 있다. 삶에 대해 그 어떤 열정도 없으니 무엇인가를 배우고자 하는 동기나 의욕도 없는 것이 당연하다. 그래서 열정적인 사람들보다 훨씬 더 무엇인가를 배우지 못한다. 그리고 그 어떤 것도 배우지 않기 때문에 더욱더 빨리 늙는 것이다.

반면 열정을 가진 사람은 나이와 상관없이 무엇인가를 배우려고 한다. 그리고 그것 때문에 더욱더 삶에 활기가 넘치고, 무엇보다도 하루하루 성장하게 되는 것이다. 이것이 바로 늙어가는 사람과 성장하는 사람의 차이다.

"사람은 그 자신이 무한한 열정을 품고 있는 일에는 대부분 성공한다."

– 프랑스 소설가 C. 슈와프 –

즐기는 놈보다 뜨거운 놈이 이긴다

불가능을 가능으로 만드는 열정의 힘 ◉ 3040대야말로 자신을 불태울 때다 ◉ 빨리 실패할수록 빨리 성공한다 ◉ 열정이 없으면 더 빨리 늙는다 ◉ 열정은 성장과 쇠퇴를 판가름할 열쇠다 ◉ 재능이 아니라 열정이 천재를 만든다 ◉ 당당한 열정으로 인생의 주인공이 되어라 ◉ 열정은 유일무이한 나만의 경쟁력이다 ◉ 진짜 인생은 3040대부터다 ◉ 뜨겁게 미쳐야 성공이 따른다

불가능을 가능으로 만드는
열정의 힘

이 시대 혁신의 아이콘 애플의 스티브 잡스가 한 말이다. 인류에 IT혁명을 가져다준 스티브 잡스는, 이 세상을 놀라게 하기 위해서는 단순함에 미칠 정도로 뜨거운 놈이 되어야 한다는 사실을 누구보다 잘 알고 있었다. 혁신의 아이콘이 된 그의 저력은 그 어떤 것으로도 채워질 수 없는 열정에서 나왔다.

그 어떤 영화보다도 더 영화 같은 삶을 살았던 그는 미혼모의 아들로 태어나 곧바로 양부모에게 입양되었다. 학창 시절에는 왕따를 당하기도 했다. 인생의 초창기에는 가난에 찌들어 살아갔던 흔적이 역력하게 보인다. 50원짜리 콜라병을 모아 음식을 사먹는 가난한 청년이었고, 부모님이 평생 모은 돈으로 비싼 학비를 내는 것이 부담스러워 스스로 대학을 중퇴하는 그런 청년이었다.

그랬던 그가 작은 창고에서 획기적인 개인용 컴퓨터 제조업체인 '애플'을 창업하여 거대 기업으로 성장시켰다. 하지만 한때는 자신이 세운 회사에서 쫓겨나며 공식적인 실패자가 되기도 했다. 이때 그를 견딜 수 있게 하고, 재기할 수 있게 해준 것은 바로 열정이었다.

아는 자보다 좋아하는 자가 이기고, 좋아하는 자보다 즐기는 자가 이기는 법이다. 그리고 즐기는 자보다 뜨거운 열정을 가진 자가 이기는 법이다.

스티브 잡스가 스탠퍼드 대학교 졸업식 연설에서 했던 말을 살펴보자.

"여러분의 시간은 한정되어 있습니다. 다른 사람의 삶을 사느라 자신의 시간을 허비하지 마십시오. 과거의 통념, 다른 사람들이 생각한 결과에 맞춰 사는 함정에 빠지지 마십시오. 다른 사람들의 견해가 자기 내면의 목소리를 가리는 소음이 되게 하지 마십시오. 가장 중요한 것은 당신의 마음과 직관을 따라가는 용기입니다. 계속 갈망하고(Stay hungry), 계속 우직하게 밀고 나가세요(Stay foolish)!"

우리가 뜨거운 열정을 가져야 하는 단 한 가지 이유는 뜨거운 열정이 있어야만 계속 갈망하고, 계속 우직하게 밀고 나갈 수 있기 때문이다. 스티브 잡스가 망하기 직전 자신을 쫓아냈던 애플로 11년 만에 복귀하면서 요구한 연봉은 1달러였다. 그는 말한다. "직관이 이끄는 대로 결정했다"고 말이다. 스티브 잡스는 우리에게 용기를 갖고 자신의 본능에 따르라고 말한다. 이 세상이 정해놓은 틀 속에 자신을 적응시키지 말고, 자신의 마음과 직관을 따라가라는 것이다. 마음과 직관은 이미 자신이 진정으로 원하는 것이 무엇인지 잘 알고 있기 때문이라고 그는 말한다.

이 세상의 모든 진보는 바로 마음과 직관에 충실했던, 뜨겁게 미칠 수 있었던 사람들에 의해 이루어졌다. 스티브 잡스는 인류에게 스마트폰 혁명이라는 진보를 가져다준 위대한 인물이다. 만약 그가 자신의 일에 뜨거운 열정을 쏟아붓지 않았다면 그 어떤 성과도, 그 어떤 진보도 우리는 경험하지 못했을지도 모른다.

영국의 시인이자 평론가인 사무엘 존슨은 "하루에 세 시간씩 걸으면 7년 후에는 지구를 한 바퀴 돌 수 있다. 위대한 업적을 이룬 것은 힘이 아니라 불굴의 노력이다"라는 말을 남겼다. 그의 말처럼 7년 동안 걸어서 지구를 돌 수 있는 것도 지칠 줄 모르는 뜨거운 열정이 있다면 충분히 가능하다. 위대한 업적을 이루는 것은 재능이나 힘이 아니라 불굴의 노력을 기울이게 하는 뜨거운 열정이다.

"보잘것없는 재산보다 작은 소망을 가지는 것이 더 훌륭하다"라는 멋진 말을 한 사람이 있다. 그는 바로 350년 이상 전 세계 사람들이 열광하고 있는 소설 「돈키호테」를 쓴 세르반테스다. 불후의 명저인 「돈키호테」를 쓸 수 있었던 것은 그가 가진 뜨거운 열정 때문이었다고밖에 말할 수 없다. 세르반테스의 삶을 살펴보면 그가 얼마나 뜨거운 열정의 소유자였는지 알 수 있다.

그는 어린 시절, 당시 이발사 정도의 대우를 받던 청각 장애인 외과의사 아버지를 따라 여러 도시를 전전하며 궁핍한 청소년기를 보냈고 정규교육도 전혀 받지 못했다. 그리고 전쟁 통에 해전에서 왼팔에 상처를 입어 불구자가 되는 불행을 겪기도 했으며, 퇴역 길에 해적들의 포로가 되어 5년이나 힘겨운 노예 생활을 해야만 했다.

그 후 38세의 나이에 처녀작이라고 할 수 있는 「라 갈라테아」를 발표하고, 여러 편의 희곡을 연달아 발표했지만 실패의 연속이었다. 먹고살기 위해 세금 징수원으로 일하다가 세금으로 징수한 돈을 예금해둔 은행의 은행주가 도망가는 바람에 세비야 감옥에 수감되는 고초까지 겪었다.

세르반테스는 계속되는 실패와 불구, 생활고의 삼중고를 안고 힘겨운 시절을 보내야 했다. 그것도 부족해서 인생의 중년이 지나는 시점에 감옥 생활까지 하는 큰 시련을 겪었다. 하지만 그는 뜨거운 열정을 가진 인물이었고, 이 세상의 그 어떤 것도 그의 열정을 식히지 못했다. 그는 결국 감옥 속에서 「돈키호테」를 집필하고 출간했다. 당시 그의 나이는 58세였다. 옥중에서 허리도 펴기 힘들 정도의 전쟁 후유증을 겪으며 불구의 몸으로 3년 만에 이 작품을 완성해낸 것이다.

누구보다 비참하게 살아야만 했던 그가 50이 훨씬 넘은 나이에, 그것도 옥중에서 활력과 창조력을 잃지 않고 다시 도전하여 불후의 명작을 쓸 수 있었던 단 한 가지 힘은 바로 '뜨거운 열정'이었다고 말할 수 있다. "계속 갈망하고 계속 우직하게 밀고 나가라"고 말한 스티브 잡스의 말대로 세르반테스는 계속 갈망했고, 포기하지 않고 계속 밀고 나갔다. 이처럼 우리에게 꼭 필요한 것은 포기하지 않고 계속 나아갈 수 있는 원동력인 열정이다.

3040대야말로 자신을 불태울 때다

　인생의 풍파를 어느 정도 겪고 3040대가 되면 그전까지 전혀 보이지 않았던 것들이 보이기 시작하고, 그전까지 도저히 생각할 수 없었던 것들을 생각하게 되고, 그전까지와는 다른 진짜 인생을 살기 시작하게 된다. 이때야말로 진짜 자신을 불태울 열정을 가지고 살아가야 할 때다.

　20대의 열정은, 추진력은 있지만 방향과 목표를 제대로 설정하지 못한 배와 같다. 하지만 3040대는 자신이 진짜로 좋아하는 것이 무엇이고, 어떤 삶을 살아야 하는지가 명확해지는 나이인 만큼 평생의 목표와 방향을 제대로 설정하고 열정을 발휘할 수 있다. 그런 점에서 진짜 인생은 3040대의 것이고, 진짜 열정이 가장 필요한 사람 역시 3040대다.

지하철 노숙자에서 월스트리트 백만장자로 도약한 크리스 가드너는 무지하고 폭력적인 계부 밑에서 불우한 어린 시절을 보냈다. 그리고 세 살배기 아들과 1년 이상 지하철에서 노숙을 해야 할 정도로 비참한 인생을 살았던 인물이다. 그렇게 비참한 시기에도 그는 불태울 열정을 가지고 있었기에 당당히 다음과 같은 말을 할 수 있었다.

"나는 Homeless지만 Hopeless는 아니다!"

잠잘 곳도 없어 세 살배기 아들과 함께 지하철에서 노숙을 하면서 어린 아들을 바라보는 그의 심정은 어땠을까? 누군가는 말한다. 젊음이 있는 20대에는 실패해도 괜찮다고 말이다. 하지만 3040대야말로 실패해도 괜찮다. 왜냐하면 더 큰 성공을 위한 가장 좋은 밑거름은 실패이기 때문이다.

크리스 가드너는 중년의 나이에 결혼에도, 사업에도 다 실패하고 모든 것을 잃었다. 하지만 절망과 좌절을 뼈저리게 느껴야 했던, 인생에서 가장 비참한 시기에도 그는 삶을 포기하지 않았다. 결코 자기 스스로를 실패자로, 낙오자로 낙인찍지 않았다. 그는 자신을 불태울 열정을 가지고 있었고, 그러한 열정으로 멋진 자동차에서 내리는 생면부지의 부자를 붙잡고 다짜고짜 다음과 같은 질문을 던졌다.

"두 가지만 물어보겠습니다. 당신의 직업과 성공의 비결은
무엇입니까?"

그 부자는 놀라면서도 정확하게 대답을 해주었다.

"나는 주식중개인입니다. 숫자에 밝고 사람 만나기를 좋아
하기만 하면 당신도 나처럼 될 수 있습니다."

크리스 가드너는 그때부터 또다시 자신을 불태우기 시작했다.
무보수 주식중개인을 자처하며 낮에는 인턴사원으로, 밤에는 노
숙자로 살았지만 그에게는 열정이 있었기에 공부를 계속 할 수
있었다. 급변하는 이 시대에 공부가 아니고서 무엇으로 성공의
기회를 잡을 수 있겠는가? 열정과 공부는 그에게 정직원의 자리
를 안겨주었고, 급기야 6년 후에는 자신만의 투자회사인 홀딩스
인터내셔널을 설립하는 영광을 가져다주었다. 결국 그는 아무것
도 배운 것 없고, 가진 것 없는 인생의 낙오자요, 지하철 노숙자
에서 기업의 CEO로 도약했고 백만장자가 되었다.
생각해보라. 일면식도 없는 사람을 붙들고 성공의 비결을 물
어본다는 게 어디 쉬운 일이었겠는가? 열정이 없었다면 그렇게

할 수 없었을 것이다. 그것도 새파랗게 젊은 20대도 아닌 아들까지 둔 중년의 남자가 말이다. 열정은 무엇이든 해낼 수 있는 용기를 준다는 사실을 명심하자.

"나는 안 되는구나, 하고 포기하고 싶을 때가 있다. 그때 지금 그 자리에서 다시 시작하라. 세상에서 가장 큰 선물은 자기 자신에게 기회를 주는 삶이다."

크리스 가드너의 이 말처럼 이제부터는 인생의 모든 풍파를 잘 견뎌온 자기 자신에게 세상에서 가장 큰 선물인 기회를 주는 삶을 살아보자.

솔직히 20대는 열정이 무엇인지 잘 모르는 시기다. 인생이 무엇인지 잘 모르기 때문이다. 열정의 가치를 제대로 알고, 열정을 제대로 불태울 수 있는 때는 인생이 무엇인지 조금씩 알기 시작하는 3040대라고 말할 수 있다.

진시황의 일화를 통해 이러한 사실을 조금 더 쉽게 이해할 수 있다.

진시황은 한비자의 저서를 읽다가 자신의 몸속에서 알 수 없는 열정과 감동이 솟아오르는 것을 느낄 수 있었다. 그래서 다음과 같은 말이 자신도 모르게 입 밖으로 튀어나왔다고 한다.

"이 책을 지은 사람을 만날 수만 있다면 죽어도 한이 없겠
다."

그토록 죽기를 싫어하고 두려워했던 진시황이 아니었던가?
그런 그가 열정의 가치를 이 순간 깨달았던 것이다. 진시황은 인
생의 산전수전을 다 겪은 후에 황제가 되어 누구보다도 더 화려
한 삶을 살고, 천하를 다 차지했었다. 하지만 진정한 인생이 무
엇인지 알았기에 자신을 사로잡는 뜨거운 열정과 감동이 죽음
보다 더 강렬하다는 사실을 비로소 깨달았던 것이다.
우리 역시 진정한 인생이 무엇인지 알게 되는 가장 젊은 나이
인 3040대에 비로소 열정의 가치를 깨닫고, 진짜 열정을 불태울
수 있다. 그런 점에서 3040대야말로 자신을 불태울 열정을 가져
야 할 때다.

빨리 실패할수록
빨리 성공한다

인생의 후반전을 어떻게 보내느냐에 따라 인생 전체의 성공과 실패, 삶의 질과 내용이 결정된다. 인생의 후반전을 어떻게 살아갈지는 전적으로 자기 자신에게 달려 있다. 나이에 굴하지 않고 진짜 인생을 사는 사람들은 열정적이며 실패를 두려워하지 않고 도전을 즐긴다는 공통점을 가지고 있다.

3040대는 인생 전체를 좌우하는 가장 중요한 시간이다. 이 시간에 열정을 다해야만 한다. 열정을 가진 사람만이 위대한 꿈을 꿀 수 있다. 사실 3040대에 열정을 가진다는 것은 결코 쉬운 일이 아니다. 인생의 쓴맛과 단맛, 더러운 맛을 다 겪은 나이에 열정을 가진다는 것은 자신을 뛰어넘고, 세상을 극복한다는 것을 의미한다.

　우리가 도전을 하지 못하는 것은 두려움 때문이다. 그리고 그러한 두려움은 열정이 없기 때문에 생긴다. 열정으로 가슴이 뜨거운 사람은 실패를 두려워하지 않는다. 그러한 사실을 스위스의 생활사상가 카를 힐티는 자신의 저서 『잠 못 이루는 밤을 위하여』(68쪽)에서 설명하고 있다.

> "자신의 삶에서 쓸데없는 것을 모조리 멀리하기 시작하면 ― 뭔가 의미 있는 것을 하려면 즉시 이것부터 실천해야 한다. ― 그 뒤에는 오직 일로 메워야 하는 생활의 공백이 생긴다. 사람들 대부분은 이것을 본능적으로 느끼면서도, 일에 열정을 가지지 못하거나 갖고 싶지 않기 때문에, 첫걸음을 내딛는 것을 두려워하고, 다른 사람들과 같이 지금까지 걸어온 길에서 벗어나지 못한다."

　열정이 있는 사람은 실패를 두려워하지 않는다. 하지만 열정이 없는 사람은 카를 힐티의 말처럼 지금까지 걸어온 길에서 벗어나지 못한다. 첫걸음을 내딛는 것이 두렵기 때문이다.

　열정을 가진 사람은 눈빛부터가 다르다. 또 열정을 가진 사람은 실패를 두려워하기는커녕 오히려 즐기기까지 한다. 이 땅의 위대한, 성공한 사람들은 모두 실패를 누구보다 즐긴 사람들이다.

"선수 생활을 통틀어 나는 9,000개 이상 슛을 놓쳤다. 거의 300회의 경기에서 패배했다. 경기를 뒤집을 수 있는 슛 기회에서 스물여섯 번 실패했다. 나는 살아오면서 계속 실패를 거듭했다. 그것이 내가 성공한 이유다."

'농구 황제'라 불리는 마이클 조던은 그 누구보다 더 많은 게임에서 졌고, 그 누구보다 더 많은 실패를 경험했다. 그런 그가 농구 황제가 될 수 있었던 것은 뛰어난 농구 신동이었거나 농구에 천부적인 재능이 있었기 때문이 절대 아니다. 그는 고등학교 시절 재능이 없어서 농구부에서 쫓겨나기도 했다. 그로 하여금 농구를 포기하지 않게 했던 것은 바로 열정이었다. 또 매일 아침 농구를 연습하게 했던 것도 바로 열정이었다.

링컨은 평생 동안 실패를 거듭했던 인물이다. 그런데 만약 53세 때 대통령에 당선되지 않았다면 그는 또다시 도전을 했을 것이다. 한 가지 확실한 사실은 그가 53세 때 대통령 선거에서 당선된 것을 빼고 그전까지의 모든 시도는 실패로 끝났다고 봐도 무방하다는 점이다.

그는 초등학교도 1년밖에 다니지 못했다. 교육을 거의 받지 못했다고 볼 수 있다. 그리고 아홉 살 때 어머니가 세상을 떠났다. 그때부터 남의 집안일을 도우는 일을 해야 했다. 20대에는 직장에서 해고를 당하기도 하고, 동업을 하다가 실패하여 큰 빚을 지는 바람에 오랜 시간을 그 빚을 갚는 데 허비하기도 했다. 30대에는 지방 하원의원에 출마했지만 세 번 다 낙선했다. 40대에는 아들 두 명을 저세상으로 보내야만 했고, 상원의원에 출마했지만 낙선하고 말았다. 50대 초반에도 상원의원에 출마했지만 또 낙선했다. 하지만 그는 또다시 도전했다. 그로 하여금 이렇게 많은 실패에도 불구하고 또다시 도전할 수 있게 해준 유일한 힘은 열정이었다.

마이클 조던이나 링컨이 실패를 밥 먹듯이 하면서도 즐거울 수 있었던 것은, 그리고 그렇게도 많은 실패를 하면서도 또다시 도전할 수 있었던 것은 열정이 있었기 때문이다. 성공한 사람들은 이처럼 실패를 두려워하기보다는 오히려 즐기고, 멋진 실패에는 오히려 상을 내린다. 다시 말해 실패만 한 성공은 없다.

변혁의 시대에 미래를 예측할 수 없는 혼란스러운 상황은 점점 더 심해져가고 있다. 이런 상황에서 앞으로 나아가고 성공하는 길은 멋진 실패를 추구하고, 그런 실패에 상을 내리는 길밖에 없다. 이러한 사실에 대해 경영 구루 중의 구루로 칭송받고 있는 톰 피터스는 자신이 쓴 책에서 이렇게 표현했다.

"필 다니엘스는 호주의 성공한 사업가다. 시드니 강연 때 수많은 청중 앞에서 그가 갑자기 자리에서 일어나 내 강연에 맞장구를 쳤다. 하지만 그의 말은 오히려 내 세계관을 크게 바꾸어놓았다. 그는 자신의 사업적 성공이 '매우 단순한 철학'에서 비롯되었다고 말했다.

'멋진 실패에 상을 내려라. 평범한 성공에 벌을 내려라.'

내 마음에 쏙 드는 문장이다. '멋진 실패'란 이렇다. 과감하고 활기친 도약을 시도한다. 하지만 아쉽게도 도약에 실패한 채 온몸이 까지고 멍까지 든다. 그래도 좌절하지 않고 또 달려든다. 이번에도 와우 달성에는 실패하고 커다란 상처만 입는다. 결국 온몸이 상처투성이가 되지만 상처는 나중에 금메달을 따기 위한 소중한 밑거름이 된다.

멋진 실패를 추구할 마음이 없으면 진정한 와우/바그 프로젝트는 절대 탄생할 수 없다. 혼란이 지배하는 곳, 즉 미래를 예측할 수 없는 곳에서 앞으로 나아가는 유일한 길은 멋진 실패를 추구하고 그런 실패에 상을 내리는 것이다. 절대 허튼소리가 아니다."

- 톰 피터스, 『톰 피터스 Essentials(인재)』 중에서

그의 말처럼 실패와 상처는 나중에 금메달을 따고, 성공을 하기 위한 소중한 밑거름이 된다. 실리콘밸리의 위대한 성공 신화의 주된 원동력은 수많은 컴퓨터 제조업체와 수많은 반도체 개발업체, 수많은 소프트웨어 개발업체의 엄청난 실패였다는 사실을 아는가? 실패의 이면 속에는 엄청난 성공이 숨어 있다.

실패를 면할 유일한 길은 빨리 실패하는 것이다. 그렇기 때문에 "빨리 실패할수록 빨리 성공한다"는 IDEO의 창립자이자 혁신의 대가인 데이비드 켈리의 이 말은 정확한 표현이다.

열정을 가진 사람이 그렇지 못한 사람보다 더 빨리 더 쉽게 더 많이 더 크게 성공할 수 있는 단 한 가지 이유는 열정을 가진 사람이 더 빨리 앞으로 나아가서 더 빨리 실패를 경험하기 때문이다. 많은 것을 가장 빨리 배울 수 있는 방법은 남들보다 더 빨리 더 많이 실패를 해보는 것이다. 그렇기 때문에 실패를 두려워하지 않고, 도전할 줄 아는 용감하고 열정적인 사람이 궁극적으로는 엄청나고 눈부신 성공의 주인공이 될 수 있다.

열정이 없으면
더 빨리 늙는다

누구나 다 알고 있는 파죽지세(破竹之勢)라는 말의 유래는 진서 (晉書)에 나온다.

진나라의 무제는 두예를 시켜 오나라를 공격하게 했다. 그런데 오나라의 도읍을 점령하기 직전에 열린 작전 회의에서 한 장수가 이제 곧 작은 봄비로 강물은 범람할 것이며, 전염병이 언제 발생할지 모르니 그만 공격을 멈추고 철군하는 게 좋겠다고 건의를 했다. 그때 두예는 다음과 같이 말하면서 공격할 것을 명했다.

"지금 아군의 사기는 마치 '대나무를 쪼갤 기세'요. 대나무란 처음 두세 마디만 쪼개면 그 다음부터는 칼날이 닿기만 해도 저절로 쪼개지는 법인데, 어찌 이런 절호의 기회를 버린단 말이오."

결국 두예가 이끄는 군대는 오나라의 도읍을 단숨에 공략하여 점령해버렸다. 이처럼 '파죽지세'란 대나무를 쪼개듯 거침없이 진군하는 기세를 이르는 말이다. 그런데 과연 '기세 세(勢)'란 무엇이기에 이렇게 엄청난 힘을 내게 하는 것일까? 손자는 자신의 병법서인 『손자병법』에서 이에 대해 다음과 같이 잘 설명해놓았다.

"바윗덩이가 평지에 있을 때는 꿈쩍도 하지 않는다. 허나 이 바윗덩이를 산 위에서 굴리면 그 힘은 그 누구도 막을 수 없다. 어디서 이런 차이가 나오는 것일까?
원인은 바로 '기세 세(勢)'의 차이에 있다. 산 위와 평지의 높이 차이로 인해 바윗덩이는 엄청난 힘을 얻게 되고, 이 힘이 운동에너지로 바뀌게 될 때 비로소 가공할 만한 위력이 나타난다."

손자의 말대로 기세가 있으면 산 위의 바윗덩이와 같이 엄청난 힘을 얻게 되고, 그 힘은 누구도 막을 재간이 없을 정도로 막

강해진다. 우리의 인생에서 기세와 같은 역할을 하는 것이 하나 있다면 바로 열정이다.

열정이 없을 때 우리의 삶은 땅속 깊이 박혀 옴짝달싹 못하는 바윗덩이와 같고, 말라빠진 고목처럼 무기력해지고 그 어떤 힘도 발휘하지 못한다. 이와 반대로 열정을 가지면 산 위에서 막 굴러 떨어지는 바윗덩이처럼 넘치는 에너지를 막을 수 있는 것은 이 세상에 아무것도 없다. 열정을 갖는 순간 평지에 있던 바윗덩이가 산꼭대기 위에서 굴러 내려오는 것처럼 힘이 생기는 것이다.

열정이 없는 사람은 쉽게 늙어버린다. 그 어떠한 기세도 없고, 힘도 없기 때문이다. 하지만 열정을 가지면 쉽게 늙지 않는다. 엄청난 기세로 인생을 이끌며 원하는 방향으로 나아갈 수 있기 때문이다.

열심히 직장생활을 할 때에는 나이가 아무리 많아도 파죽지세의 기세로 일을 해나가며 인생을 이끌어갈 수 있다. 하지만 정년 퇴직을 하면 삶의 의욕도 없어지고 더 이상 파죽지세의 기세로 해나갈 일이 없으며 평지에 있는 바윗덩이처럼 멈추게 된다. 바로 그때 급속도로 늙어버리게 된다.

이처럼 우리가 늙는 것은 꼭 나이 때문만은 아니다. 열정적으로 일을 하는 사람들을 보면 나이에 상관없이 젊음을 유지하며 건강하게 노년의 삶을 보낸다는 사실을 알 수 있다. 그런 사람

중 한 명이 바로 20세기의 대표적 서양화가이자 조각가인 파블로 피카소다.

피카소는 1973년, 92세의 나이로 생을 마감할 때까지 왕성한 창작활동을 했던 거장이다. 덕분에 그는 데생부터 시작해 유화, 조각, 판화, 도자기 그림 등 폭넓은 영역에서 활동을 했고, 그가 남긴 작품의 수는 무려 5만여 점에 이른다.

작품 수가 가장 많은 화가로서 기네스북에 기록되어 있을 정도로 피카소는 엄청난 양의 작품을 창작하고, 또 창작했던 거장이다. 아무것도 하지 않고 그저 소일거리를 찾아 시간을 보내는 많은 노인들과 달리 피카소는 70~80대에도 창작에 몰두하며 왕성한 활동을 했다.

69세의 나이에 노벨문학상을 수상한 아일랜드 출신의 극작가이자 비평가인 조지 버나드 쇼 역시 94세까지 왕성한 활동을 하다가 생을 마감했다.

현대 경영학의 창시자로 불리는 피터 드러커 역시 96세의 나이로 세상을 떠나기 직전까지 왕성한 활동을 했던 위대한 학자 중 한 명이다. 이들이 왕성한 활동을 할 수 있었던 원동력은 나이를 뛰어넘는 열정에 있었다. 이들처럼 열정이 있는 사람은 늙지 않는다.

진짜 인생은 3040대부터라고 할 수 있다. 진짜 인생을 사는 사람은 열정을 품은 사람이다. 열정을 가진 사람은 나이를 먹을 틈이 없다. 한마디로 나이 때문에 늙는 것이 아니라 열정이 없기 때문에 늙는 것이다.

열정은 성장과 쇠퇴를
판가름할 열쇠다

재능을 타고나도 열정이 없으면 곧 쇠퇴하는 경우가 있다. 중국 북송시대의 왕안석이 쓴 산문 「상중영(傷仲永)」에서 그 예를 찾아볼 수 있다.

이 글에 나오는 '방중영'은 다섯 살 때부터 시를 지을 만큼 재능을 타고난 인물이다. 그는 대대로 소농인 집안에서 태어났음에도 남달리 총명하고 특히 사구시(四句時)를 잘 지었는데, 시의 압운이 절묘해서 어린아이가 쓴 것이라고 믿기지 않을 정도였다. 이러한 재능을 발견한 방중영의 아버지는 아들을 데리고 선비들이 모이는 장소를 찾아다니면서 시를 지어보게 하고 그 대가로 돈을 받으면서 생활을 이어나갔다. 방중영의 아버지는 아들의 재능을 자랑하며 헛된 명성을 좇아다녔던 것이다.

그렇게 10년이 흘러 방중영은 어느덧 스무 살이 되었다. 어린 시절 아버지가 시키는 대로 여기저기 다니며 남들에게 시를 보여주기에만 급급했던 방중영은 아무런 열정이 없는, 평범한 사람보다도 못한 사람이 되고 말았다.

이와 반대되는 경우도 쉽게 발견할 수 있다. 중국 한무제 때 공손홍이라는 사람은 평생 돼지나 치면서 공부 한번 제대로 못 해보고, 그 어떤 재능도 갖지 못했다. 그런 그가 나이 마흔에 처음으로 학문에 뜻을 두고 36년 동안 공부한 끝에 76세에 승상의 위치에까지 올라섰다. 그가 마흔의 나이에 공부를 시작할 수 있었던 것도, 그리고 30년 넘게 공부에 매진할 수 있었던 것도 모두 열정을 가지고 있었기 때문이다.

증권거래소 직원이었던 빈센트 반 고흐로 하여금 43세의 나이에 안정된 삶을 버리고 화가의 삶을 시작하게끔 한 것도 바로 열정이었다. 지그문트 프로이트가 안정된 의사의 직업을 포기하고 마흔 살에 정식으로 심리학 공부를 시작하게끔 한 것도 바로 열정이었다. 열정이 없었다면 위인들도 평범한 삶을 사는 데 그쳤을 것이다. 세계를 호령한 칭기즈칸에게서 열정을 뺀다면 그는 이름 없는 양치기에 그쳤을 것이라는 광고카피도 있었다.

독일 속담에 "하늘에서 떨어진 대가(大家)는 아직 한 명도 없다"는 말이 있다. 이처럼 아무런 노력이나 열정 없이 하루아침에 대가가 되기를 기대하기란 불가능하다. 열정을 가진 사람만이 이 땅에서 대가가 될 수 있다는 사실을 잊지 말아야 한다.

평범한 은행원이었던 피터 드러커가 현대 경영학의 창시자로 거듭날 수 있었던 것 역시 열정 때문이었다. 피터 드러커는 대학에서 강의를 하고 연구만 하는 일에 만족하지 않고, 3~4년을 주기로 60여 년 동안 주제를 바꾸어가면서 공부를 거듭했다. 바꾸어 말하면 그는 평생 동안 전공을 바꾸어가면서 대학을 수십 번 나온 것과 같은 인생을 살았다. 그 지칠 줄 모르는 열정 덕분에 그는 현대 경영학의 창시자로, 이 시대의 진정한 르네상스인으로 칭송을 받게 되었다.

『프로페셔널의 조건』이란 책에서 그의 열정을 느낄 수 있는 부분을 살펴보자.

"나는 3년 또는 4년마다 다른 주제를 선택한다. 그 주제는 통계학, 중세역사, 일본미술, 경제학 등 매우 다양하다. 3년 정도 공부한다고 해서 그 분야를 완전히 터득할 수는 없겠지만, 그 분야가 어떤 것인지를 이해하는 정도는 충분히 가능하다. 그런 식으로 나는 60여 년 이상 동안 3년이나 4년마다 주제를 바꾸어 공부를 해오고 있다."

피터 드러커는 열정 하나로 평생 성장을 멈추지 않고 발전해나갈 수 있었다. 우리가 배워야 할 점은 이것이다. 나이가 많아서 이미 늦었다고 주저앉지 말고 끊임없이 도전하고 공부하고 자신을 불태워야 한다. 그래야만 성장과 도약이 뒷받침되는 인생을 살 수 있다. 지금 우리에게 필요한 것은 지칠 줄 모르는 열정이다. 열정을 빼면 성장도 멈춘다. 성장이 멈추는 순간 우리는 빠르게 늙고 쇠퇴하기 시작한다.

20대와 30대에는 구별이 잘 되지 않는다. 차이도 별로 나지 않는다. 전부 성장하고 있기 때문이다. 하지만 인생의 절반에 해당하는 40대가 되면 비로소 큰 차이가 나타나기 시작한다. 그것은 바로 성장하느냐 쇠퇴하느냐의 차이다. 돈이 많다거나 성공을 했다거나 권력을 가졌다고 해서 차이가 명확해지는 것은 아니다. 이 차이를 만드는 유일한 한 가지는 바로 '열정이 있느냐 없느냐' 하는 것이다.

우리가 명심해야 할 한 가지 사실은 열정이 없는 사람은 쇠퇴하게 될 것이라는 점이다. 몸과 마음, 정신과 영혼 등 모든 측면에서 쇠퇴하는 사람과 열정을 가짐으로써 마음과 정신과 영혼은 청춘이며, 성장하고 있는 사람을 비교해보라. 당신은 어떤 길을 선택할 것인가?

재능이 아니라 열정이 천재를 만든다

위대한 작품을 만들어내고, 희대의 걸작을 그려내고 작곡해
내는 거장들에게 한 가지 공통점이 있다는 사실이 최근 많은 연
구결과를 통해 속속들이 밝혀지고 있다. 모차르트를 비롯해 피
카소, 아인슈타인, 고흐, 레오나르도 다 빈치와 미켈란젤로 등도
천재성을 타고난 것이 아니라 남다른 노력과 훈련을 통해 천재
로 도약할 수 있었다.

그러한 내용이 주로 담겨 있는 책으로는 말콤 글래드웰의 『아
웃라이어』와 대니얼 코일의 『탤런트 코드』, 하워드 가드너의
『열정과 기질』, 필자의 『1%의 법칙』 등이 있다. 이 책들에서 주
장하는 공통적인 핵심 주제는, 천재는 타고나는 것이 아니라 엄

청난 노력을 통해 만들어진다는 것이다. 그런데 이보다 더 중요한 사실이 새롭게 발견되었는데, 그것은 바로 천재들 중에 열정이 없는 사람은 단 한 명도 없었다는 사실이다.

뜨거운 갈망과 열정이 없는 천재는 이 세상에 단 한 명도 존재하지 않는다. 영국의 대문호인 셰익스피어는 "내 안에는 사그라지지 않는 갈망이 있다"고 말했다. 우리를 위대함으로 이끄는 것은 재능이 아니라 갈망과 같은 열정이다.

무엇인가에 모든 것을 걸고 도전하는 것이 바로 열정이다. 이것은 다른 말로 무엇인가에 미치는 것이다. 무엇인가에 미쳐서 모든 것을 쏟아부을 때 비로소 천재로 도약하고 신의 경지에 이르게 된다.

고대의 철학자 아리스토텔레스는 "광기를 조금이라도 가지지 않는 천재란 결코 없다"고 말했다. 로마 시스티나 성당의 천장 벽화인 〈천지창조〉는 미켈란젤로의 열정으로 4년 6개월 만에 완성된 작품이다. 19세기 스페인이 낳은 최고의 바이올리니스트 사라사테가 희대의 걸작들인 〈에스파냐무곡〉과 같은 명곡을 작곡해낼 수 있었던 것도 40년에 가까운 세월 동안 하루도 빠짐없이 14시간씩 연습할 만큼 열정적이었기 때문이다.

우리가 명심해야 할 것은 모차르트가 작곡한 660여 곡의 작품 중에서 희대의 걸작들은 대부분 그의 말년에 나왔다는 사실이다. 평생 동안의 훈련과 연습이 쌓여서 임계점을 돌파한 시기에 비로소 위대한 작품이 탄생한 것이다.

파울로 코엘료가 천부적으로 소설가로서의 재능을 타고났기 때문에 마흔의 나이에 첫 작품으로 세계적인 베스트셀러 작가가 될 수 있었던 것이라고 생각할 수도 있다. 하지만 우리가 간과해서는 안 되는 사실이 한 가지 있다. 그것은 그가 35세에 낸 첫 번째 책과 연이어 낸 두 번째 책이 모두 문단의 주목을 받지 못할 정도의 졸작이었다는 사실이다. 즉, 그는 재능을 타고난 천재적인 소설가가 아니라 수많은 실패를 딛고 중년의 나이인 마흔에 또다시 도전을 한 열정가였던 것이다.

그의 베스트셀러 소설인 『연금술사』를 보면 인생도 하나의 연금술로 기적을 이루어낼 수 있다는 사실을 다음과 같이 표현한 내용이 나온다.

"이 세상에는 위대한 진실이 하나 있다. 무언가를 온 마음을 다해 원한다면 반드시 그렇게 된다."

무언가를 온 마음을 다해 원한다는 것은 바로 열정이 있다는 것을 뜻하고, 열정이 있는 사람만이 그렇게 할 수 있다. 열정은 무기력하고 단조롭고 무미건조한 사람을 뜨겁고 다채롭고 활기찬 사람으로 변화시켜준다. 이것은 마치 기원전 알렉산드리아에서 시작해 이슬람 세계에서 체계화되어 중세 유럽에 퍼진, 주술

적 성격을 띤 일종의 연금술과 매우 닮아 있다. 연금술이 금속과 본질, 성격이 완전히 다른 비금속을 인공적 수단을 통해 금속으로, 그것도 귀금속으로 전환하는 것의 토대가 되는 것처럼 열정을 가진 사람은 그전까지와는 전혀 다른 성격의 사람으로 삶을 변화시키기 때문이다.

결국 지칠 줄 모르는 열정, 그로 인한 훈련과 연습이 인류 역사상 최고의 음악가와 소설가를 탄생시키는 것이지 재능이 중요한 것은 아니다.

당당한 열정으로
인생의 주인공이 되어라

열정이 없는 사람은 그저 남들이 이끄는 대로 살아가는 인생의 노예로 전락하기 쉽다. 하지만 열정을 가진 사람은 자신의 영혼이 이끄는 대로 살아가기에 인생의 주인이 될 수 있다.

제2차 세계대전 당시 연합국의 승리를 이끌어낸 윈스턴 처칠은 영국 역사상 가장 위대한 수상으로 손꼽힌다. 그런 그가 자기 인생의 주인으로 살았다는 증거가 있다. 바로 정치인으로서의 삶을 사는 데 그치지 않고 화가로서, 작가로서의 삶에도 열정을 쏟았던 것이다.

그는 주말이 되면 미술도구를 챙겨 공원으로 나가 그림을 그릴 만큼 열정이 넘치는 인물이었다. 그가 그린 그림들은 크리스마스카드로 만들어져 엄청난 매상을 올리게 되었고, 그것이 홀마크 크리스마스카드 탄생의 시작이 되었다.

처칠은 뛰어난 수채화를 여러 편 남긴 화가일 뿐만 아니라 이 땅의 모든 작가들이 동경하는 노벨문학상의 수상 작가이기도 하다. 1953년 그에게 노벨문학상을 수상한 한림원이 밝힌 수상 사유를 살펴보자.

> "역사적이고 전기적인 글에서의 탁월한 묘사 능력과 인간의 가치를 옹호하기 위한 눈부신 웅변술로 인해 수상자로 선정함."

그 당시 세계 1등 국가였던 영국에서 장관과 수상으로 여러 해 활동하고, 급기야 노벨문학상까지 받게 된 그의 저력은 한마디로 지칠 줄 모르는 뜨거운 열정에서 나왔다고 말할 수 있다. 그에게 노벨문학상을 안겨준 작품인 『제2차 세계대전(The Second World War)』은 처칠의 열정이 녹아 들어가 있는 작품이다.

처칠이라고 처음부터 이렇듯 훌륭한 삶을 살았던 것은 아니었다. 그는 어린 시절 말썽꾸러기에, 공부도 잘 못하는 낙제생에, 맨날 지각만 하고 품행 또한 단정하지 못한 소년이었다. 이로 미루어볼 때 처칠이 그 누구보다 더 위대한 삶을 살 수 있었던 것은 지능이나 재능이 아니라 지칠 줄 모르는 열정이 있었기 때문이라는 사실에 수긍할 것이다.

빈센트 반 고흐, 폴 세잔과 함께 20세기 현대미술에 지대한 영향을 미친 작가로 꼽히는 폴 고갱에게 열정이 없었다면 평생 이름 없는 증권거래소 중개인으로 살다가 생을 마감했을 수도 있다. 다섯 명의 아이를 낳고 안정적이고 여유로운 삶을 살았던 그에게 열정이 없었다면 화가로서의 길을 가지 않았을 것이고, 그의 걸작인 〈타히티의 여인들〉을 우리는 감상할 수 없었을지도 모른다.

소설가 김홍신 씨는 『인생사용설명서』라는 책을 통해 인생의 노예가 아닌 자기 삶의 주인으로 살아가는 힌트를 주는 이야기를 한 적이 있다.

"대학 시절, 데모하다 잡혀갔다가 담당 형사에게 들은 이야기가 지금껏 잊히지 않습니다. '잡혀온 학생 중에 겁에 질려 손발이 닳도록 비는 녀석은 따귀 한 대 갈기고 싶지만, 데모 대열에 설 수밖에 없었다고 당당하게 주장하는 녀석은 나중에 저 기세로 어떤 인물이 될지 모른다는 생각에 함부로 대하기 어렵다'라고 말입니다. 자존심을 지키기 위해 당당할 때, 스스로의 가치를 지킬 수 있는 것이지요."

- 김홍신, 『인생사용설명서』 중에서

스스로 자기 삶의 주인으로 살아가는 사람에게도 이와 같이 당당한 기세가 필요하다. 그것도 인생의 산전수전을 다 겪은 3040대들이 삶의 노예로 살아가지 않기 위해서는 그 어떤 상황 속에서도 자신의 자존심을 지키며 당당할 필요가 있다. 그러한 당당함과 기세는 바로 뜨거운 열정에서 비롯된다.

열정은 유일무이한 나만의 경쟁력이다

1860년 미국에서 태어난 월러스 워틀스는 1910년에 자기계발 분야의 선구자적인 책 『부를 얻는 기술(The Science of Getting Rich)』을 출간했다. 이 책에서 우리가 배워야 할 점은 크게 성공해서 부자가 된 사람들이 평범한 사람들에 비해 뛰어난 재주와 능력을 가진 것은 아니라는 점과, 특별한 사고방식이 성공하는 데 있어 가장 중요한 요소라는 점이다.

"부자가 된 사람들을 연구하다 보면 그들이 다른 사람에 비해 뛰어난 재주와 능력을 가진 것이 아니라 모든 면에서 평균적인 사람들이라는 사실을 알 수 있다. 재능이 많음에도 불구하고 가난하게 사는 사람이 많은 반면, 재능은 별로 없지만 부자가 되는 사람도 있기 때문이다."

부자가 되고 크게 성공한 사람들이라고 해서 반드시 특별한 재주와 능력을 가지고 있는 것은 아니며, 오히려 그 반대일 수도 있다고 저자는 말한다. 그리고 부자가 되기 위한 특별한 사고방식은 흔들림 없는 확신과 신념, 명확한 비전이라고 말한다.

그렇다면 이렇듯 특별한 사고방식을 가장 잘 수행하는 사람은 어떤 사람일까? 그것은 바로 열정을 갖고 있으면서 인생의 산전수전을 다 겪어본 사람일 것이다. 열정은 그 누구도 모방할 수 없고 흉내 낼 수 없는 유일무이한 자신만의 경쟁력이다.

1020대에는 무엇을 해야 좋을지, 어떤 것을 하면서 어떻게 살아야 할지 알 길이 없다. 그저 남들이 좋다고 하면 좋은 것 같고, 남들이 부러워하는 직업이 좋은 직업인 것만 같다. 그래서 의사나 변호사가 되기를 꿈꾸지만 결국 자신의 적성과 취향에 도저히 맞지 않아서 그 길을 포기하고 다른 일을 하는 사람도 있다.

적성에 맞는다고 해도 간절함과 절박함, 그리고 무엇보다 뜨거운 가슴이 없으면 아무 소용이 없다. 돈의 필요성을 모르는 철부지 어린이들은 돈을 벌고자 하는 확고한 의지가 없다. 자신이 진짜로 하고 싶은 것, 되고 싶은 것, 살고 싶은 이유를 제대로 깨달을 수 있는 나이는 바로 3040대다. 이런 이유로 위대한 인물

중에 3040대에 새롭게 자신의 길을 선택하여 시작한 인물들이 적지 않은 것이다. 놀라운 사실은 인생의 풍파를 다 겪어보고 나서 3040대의 나이에 선택한 제2의 분야에서 성공하는 사람들이 의외로 많고, 그것도 크게 성공한다는 것이다.

3040대에 새로운 일을 시작하는 사람은 이미 인생에서 많은 경험을 해보았기 때문에 누구보다 확고한 신념과 명확한 비전을 세울 수 있다. 이러한 인생 경험에 연료 또는 에너지와 같은 역할을 해주는 열정까지 추가된다면 반드시 성공할 수밖에 없다.

여기서 가장 중요한 것은 자동차를 움직일 수 있는 연료에 해당하는 열정이다. 자동차가 아무리 좋아도 연료가 없거나 부족하다면 목적지까지 도달할 수 없다.

고대 그리스의 시인 아킬로쿠스의 글 속에는 매우 수수께끼 같은 문장이 하나 들어 있다.

"여우는 많은 것을 안다. 그러나 고슴도치는 하나밖에 모른다. 그리고 그것이 위대하다."

이 수수께끼와 같은 문장을 이용하여 어떤 경제학자는 경제 이론을 제시하기도 했고, 어떤 학자는 삶의 방법을 제시하기도 했다. 필자는 이 문장을 이용하여 3040대의 열정을 이야기하고 싶다.

20대까지는 이것저것 다 해보고, 이것저것 많은 것에 관심을 가지고 많은 것을 배우고 많은 것을 알아가는 시기였다면, 인생의 많은 것을 경험하고 산전수전을 다 겪은 3040대에는 딱 하나만을 선택하여 그것에 인생을 걸 수 있어야 한다. 그런 점에서 3040대는 고슴도치와 같은 삶을 살아가야 할 나이가 된 것이며, 그렇게 한 가지를 선택하고 한 가지에 모든 것을 걸고 도전하고 노력하는 사람은 진정 위대하다고 할 수 있다.

소설가이자 기인으로 잘 알려진 이외수 씨는 『아불류 시불류』라는 책에서 고수와 하수의 차이를 멋진 문장으로 표현한 적이 있다.

"고수는 머릿속이 한 가지 생각으로 가득 차 있고, 하수는
머릿속이 만 가지 생각으로 가득 차 있다."

고수와 하수, 대가와 무명, 달인과 풋내기의 차이는 머릿속에 몇 가지의 생각, 몇 가지의 목표, 몇 가지의 관심을 담고 있느냐에 따라 달라진다. 거장일수록, 고수일수록, 달인일수록 단 한 가지의 목표, 단 한 가지의 생각, 단 한 가지의 관심만 갖고 있다. 머릿속이 수만 가지 생각들과 목표, 관심으로 가득 차 있는 사람은 절대로 놀라운 집중력을 발휘할 수 없다. 그리고 집중할 줄 모르는 사람은 절대 거장이 될 수 없다. 그것은 만고불변의

진리다.

　왜 자신은 누구보다 열심히 일하며 정직하게 살았는데 성공하지 못했느냐고 한탄하지 마라. 성공한 사람들도 다 누구보다 열심히 일했고 정직하게 살았지만, 그들은 당신에게 없는 것을 한 가지 더 가지고 있다. 그것은 바로 자신의 일에 그 어떤 것보다 더 뜨겁게 모든 에너지를 쏟아부을 강렬한 열정이다. 당신에게 없었던 것은 바로 이것이다. 어느 매스컴에서 성공한 사람 천 명을 선정해서 면밀하게 분석해본 결과 그들은 누구보다 열정적이고, 좋은 습관을 가지고 있었으며, 목표의식이 뚜렷했다고 한다.

　열정적인 사람이 성공할 수밖에 없는 이유 중 하나는, 모든 성공에는 실패가 있기 때문이다. 그 어떤 성공이든 실패를 통해 재도전하는 과정이 반드시 존재하고, 또 필요하다. 그렇기 때문에 실패를 즐기고 실패할 때마다 다시 도전할 수 있는 불굴의 도전정신은 성공의 필수 요건이다. 그런 점에서 열정을 가진 사람만이 인생에서 성공할 수 있다. 열정을 가진 사람만이 수많은 실패를 딛고 일어나 재도전할 수 있는 추진력을 갖고 있기 때문이다.

　뜨거운 열정은 무엇보다 우리로 하여금 집중하게 만들어준다. 그것에 완전히 미칠 수 있게 만들어준다. 그 결과 자연스럽게 성공의 길을 갈 수 있게 되는 것이다. 열정은 절대로 배신하지 않는다. 그것이 열정을 가진 사람이 인생에서 성공할 수밖에 없는 또 다른 이유다.

"강한 자는 망설이지 않는다. 굳건히 자리를 잡고, 땀을 흘리며, 끝을 향해 나아간다. 잉크를 다 써서 없애고, 종이를 모두 써버린다."

프랑스의 소설가이자 극작가인 쥘 르나르의 이 말은 열정을 가진 사람의 모습을 잘 나타내고 있다. 열정을 가진 자가 인생에서 성공할 수 있는 이유는 망설이지 않기 때문이다. 굳건히 자리를 지키고 자신의 길을 가며, 끝까지 포기하지 않고 자신의 모든 에너지를 다 쏟아붓는다. 이러한 사람이 성공하지 않는다면 누가 성공하겠는가?

진짜 인생은
3040대부터다

인생은 롤러코스터와 같다. 10대에는 누가 시키는 대로, 누가 만들어놓은 대로 좋은 대학에 가기 위해 모든 에너지를 집중시키며 살아간다. 한창 잘나가는 20대에는 아무것도 두려울 것이 없다. 앞만 보며 달려가기에도 바쁜 그들에게는 젊음과 패기가 있기 때문이다. 이때에는 열심히 바쁘게 살아가기에도 시간이 부족하다. 이것이 1020대의 모습이다. 여기에 진짜 인생은 없다. 여기에 진짜 나는 없다.

남들처럼 살기 위해 정신없이 달려온 이 땅의 20대는 3040대가 되어서 비로소 이 세상에 혼자 내던져지게 된다. 이때부터 진짜 인생이 시작된다. 3040대에 20대 때와는 차원이 다른 진짜 열정을 느낄 수 있는 이유가 바로 여기에 숨어 있다. 3040대는 진짜 자신만의 삶을 스스로 개척하고 진짜 자신이 좋아하는 것이 무엇인지, 진짜 어떤 삶을 살아가야 할지, 진짜 자신이 남들보다 잘할 수 있는 일이 무엇인지를 처음으로 깨닫게 되는 시기다.

진짜 열정은 지금까지 하지 못했던 것을 하는 것이고, 지금까지 보지 못했던 것을 보는 것이다. 그리고 지금까지 남들에 휩쓸려 살던 삶과 전혀 다른 삶을 살아보는 것이다. 진짜 열정은 남과 다른 자신만의 길을 개척하고 그 길을 당당하게 걸어가는 것이다. 그것이 진짜 열정이다.

진짜 열정은 세상의 유혹에도 흔들리지 않고, 그 어떤 집착에도 연연해하지 않고 뜨거운 심장을 가지고 자신의 길을 걸어 나가는 것을 말한다. 그것이 가능한 나이는 3040대라고밖에 생각할 수 없다.

세상의 만물에는 다 때가 있다. 아무리 날고 기는 사람이라도 20대에는 한계를 넘어서기 힘들다. 3040대가 되어야 비로소 유혹을 이겨내고 세상을 다 녹여버릴 진짜 열정을 가질 수 있다.

진짜 열정은 위대한 철학자 임마누엘 칸트의 삶을 통해서도 발견할 수 있다. 칸트는 어려서부터 허약 체질이었다. 하지만 규칙적인 생활과 철저한 건강관리로 자신이 하고 싶은 일들을 별 탈 없이 해나갈 수 있었다. 그는 하루도 빠짐없이 정해진 시각에 산책을 했기 때문에 동네 사람들은 그가 산책하는 것을 보고 시간을 맞추기도 했다. 그런 그가 단 한 번 산책 시간을 어긴 적이 있다고 한다. 그것은 바로 장 자크 루소의 『에밀』이라는 책에 심취해 있었기 때문이다. 시계추처럼 정확하게 일과를 통제해왔던 그도 책에 대한 열정은 극복할 수 없었던 것이다. 이게 바로 진짜 열정이다.

늘 한결같이 정해진 시간에 정해진 것을 한다면 그것은 인간이 아니라 기계다. 인간은 그렇게 빡빡한 일상을 살아가도록 프로그래밍 할 수 있는 존재가 아니다. 칸트는 40대 중반까지 시간강사로 일했지만, 생계를 유지하기 힘들어 도서관 사서를 병행하기도 했다. 그의 진짜 열정은 60세에 가까운 나이에 『순수이성비판』과 『형이상학 서설』이라는 책을 내고, 그 이후 지속적으로 여러 권의 책을 출간했다는 사실을 통해서도 알 수 있다.

진짜 열정은 쉽게 뜨거워졌다가 쉽게 꺼져버리는 것이 아니다. 진짜 열정은 평생 지속되어야 하는 것이다. 따라서 진짜 열정에는 결단과 용기가 뒷받침되어야 한다.

"미성년의 원인은 이성이 부족한 데 있는 것이 아니다. 다른 사람의 지도 없이 스스로 생각하려는 결단과 용기가 부족한 데 있다."

칸트의 말에서 진짜 열정을 느낄 수 있는 지혜가 엿보인다. 진짜 열정을 느끼기 위해서는 스스로 생각할 수 있는 결단과 용기가 있어야 한다. 그런 점에서 20대에는 진짜 열정을 알지 못한다. 다른 사람의 지도 없이 스스로 생각하고 선택하고 책임지려는 결단과 용기가 부족하기 때문이다. 하지만 3040대에는 이야기가 다르다.

3040대에는 비로소 다른 사람의 지도나 간섭 없이 스스로 생각하려는 결단과 용기가 가장 충만해진다. 그런 점에서 3040대는 스스로 인생을 선택하고 책임지는 진짜 성년의 시기이며, 그렇기 때문에 진짜 열정을 느낄 수 있는 나이라고 할 수 있다.

뜨겁게 미쳐야
성공이 따른다

　이 세상에는 두 종류의 사람이 있다. 즉, 자신을 남다른 존재로 만드는 사람과 그렇게 하지 못하는 사람이 있다. 전자는 대부분 무엇인가에 미친 사람이고, 후자는 그저 적당히 살아가는 사람이다. 그런 점에서 그 차이는 미친 정도에 따라 나뉜다고 말할 수 있다.

　〈LA타임스〉가 포스트모던 기업의 아버지라고 칭송한 바 있는 톰 피터스는 『톰 피터스 Essentials(인재)』라는 책에서, 좋은 기업을 넘어 누군가 미친 짓이라고 말하는 그런 프로젝트를 하는 미친 기업으로 나아가라고 주장한다.

캐논(Canon)의 CEO 미타라이 하지메(Mitarai Hajime)는 이런 말을 했다. "우리는 사람들이 '미친 짓'이라고 하는 행동을 해야 한다. 사람들이 '좋다'고 말하면 이미 다른 누군가가 하고 있다는 뜻이다."

- 톰 피터스, 『톰 피터스 Essentials(인재)』 중에서

그는 여기서 한술 더 떠서 미친 기업을 넘어 더 미친 기업으로 전진하라고 강조한다.

노벨상을 수상한 물리학자 닐스 보어가 한번은 동료 물리학자 볼프강 파울리에게 이런 말을 했다.

"자네 이론이 미친 이론이라는 것은 나도 인정하네. 자네와 내 차이는 미친 정도야."

이 말을 통해 그는 우리에게 더 미쳐야 한다는 것의 의미를 한 번 더 되새기게 해준다.

필자가 존경하는 경영 석학 중의 한 명인 톰 피터스가 수많은 저서를 통해 독자들에게 강조하는 것을 한마디로 표현한다면 그것은 바로 '열광', '열정', '광기'라고 할 수 있다. 그가 주장하는 열정을 제대로 느낄 수 있는 말에는 다음과 같은 것들이 있다.

"무엇인가에 미칠 수 있는 마니아가 되어라."

"열광할 수 있는 와우 프로젝트(남들과 세상을 놀라게 할 만한 프로젝트)를 하라."

"새로운 배경, 새로운 시대, 새로운 가치, 새로운 시장, 새로운 비즈니스가 시작되었기에 세상을 재창조하라."

"모든 것이 뒤죽박죽이다. 혼란을 즐기고, 실패를 즐겨라."

"빨리 실패하는 자가 빨리 성공한다. 그러므로 실패를 하라. 그것도 많이!"

"멋진 실패에 상을 주고, 평범한 성공에 벌을 주라."

"단순히 자신을 표현하기보다 자신을 재창조하라."

"어처구니없을 정도로 높은 기준을 설정하라!"

- 톰 피터스, 『톰 피터스의 미래를 경영하라』 중에서

그가 책을 통해 주장하는 것들을 필자가 나름대로 정리하여 몇 개의 문장으로 표현해봤다. 톰 피터스가 지금 세계적으로 인정받는 경영 석학이며, 가장 존경받는 경영 구루라는 점에서 그가 주장하는 '열정', '열광', '광기'가 이 시대를 선도하고 성공하기 위한 새로운 경쟁력이라는 사실은 추호도 의심할 수 없을 것이다.

성공한 사람들은 성공 의식을 가지고 있고, 부유한 사람들은 풍요 의식을 가지고 있다. 여기서 부유한 사람들이 가지고 있는

풍요 의식은 한마디로 '넘침'이라고 할 수 있다. 자신의 의식 속에 결핍이 아닌 무한한 창조와 생산 가능한 무한 공급이 자리하고 있는 것이다. 이와 함께 성공한 사람들이 가지고 있는 성공 의식은 한마디로 '뜨거움'이라고 할 수 있다. 어떤 장애물과 시련도 모두 녹여낼 수 있는 뜨거움과 자신의 피를 끓게 해주는 뜨거움, 자신의 가슴을 뛰게 해주는 뜨거움이 의식을 차지하고 있는 것이다. 이러한 뜨거움은 바로 추진력이며 원동력이며 에너지인 셈이다. 이 때문에 위대한 성공을 거둔 사람들 중에 자신의 일에 뜨겁게 미치지 않은 사람을 찾아보기 힘든 것이다. 인류의 역사는 이처럼 무엇인가에 뜨겁게 미친 사람들에 의해 만들어졌다.

마이크로소프트사의 빌 게이츠가 바로 뜨겁게 미친 사람이다. 그는 컴퓨터에 미쳤었다. 그래서 대학을 중퇴하고 컴퓨터 사업에 뛰어들었다.

독일의 위대한 철학자 헤겔도 뜨겁게 미친 사람 중 한 명이다. 그는 연구에 미쳤었다. 그래서 집에 불이 났다고 다급하게 소식을 전해주는 하인에게 집안일은 아내가 할 일이며 자신은 전혀 관여하지 않는다고 말하면서 계속해서 연구에만 몰두했던 것이다.

뜨겁게 미친 사람들은 이 세상의 돈이나 명예나 인기가 아닌 자신의 본능에 충실하다는 특징이 있다.

"합리적인 사람은 세상에 자신을 적응시킨다. 비합리적인
사람은 세상을 자신에게 적응시킨다. 모든 진보는 비합리적
인 사람들에 의해 이루어진다."

조지 버나드 쇼의 이 말처럼 모든 진보는 세상에 자신을 적응
시키려고 하는 합리적인 사람들이 아닌, 세상을 자신에게 맞추
려고 하는 비합리적인 사람에 의해 이루어진다. 이렇게 비합리
적인 사람들의 공통점은 바로 뜨겁게 미친다는 것이다.
오라클 CEO 래리 엘리슨은 항상 이러한 사실에 대해 다음과
같이 표현하는 것으로 유명한 인물이다.

"모든 사람이 미쳤다고 하는 그곳이 바로 우리가 있어야
할 자리다."

GE의 회장 잭 웰치도 이와 비슷한 이야기를 했다.

"조용하고 합리적인 태도로는 전진할 수 없다. 미쳤다는
말을 들을 정도의 열정이 있어야 한다."

뜨겁게 미쳐야만 진정으로 무엇인가에 미쳤다고 할 수 있다.
차가운 냉정 속에 열정은 절대로 존재할 수 없기 때문이다. 뜨거

운 열정 속에 수많은 기회와 성공이 존재하고 있음을 기억해야
한다.

"무슨 일에 열중하고 있는 사람은 젊어 보인다.
사람은 그 마음속에 정열이 불타고 있을 때가 가장 행복하다.
정열이 식으면 그 사람은 급속도로 퇴보하고 무력하게 되어버린다."

– 프랑스 작가 라 로슈푸코 –

진짜 눈부신 인생의 시작, 3040대부터다

열정이 있는 삶은 축제와 같다 ● 열정으로 내 안에 잠든 거인을 깨워라 ● 놀이는 아이들만의 전유물이 아니다 ● 사소한 것에 얽매이지 마라 ● 포기를 모르는 열정이 최고의 나를 만든다 ● 제2의 인생을 즐길 준비를 하라 ● 내 안에서 울리는 열정의 소리를 들어라 ● 열정으로 고정관념을 타파하라 ● 최고의 단순함이 최고의 열정을 만든다 ● 3040대가 인생의 황금시간대다

열정이 있는 삶은 축제와 같다

즐기는 것이 이기는 것이다. 즐겁고 재미있게 살고, 매일 아침 가슴 설레며 눈을 뜨고, 하는 일이 너무 재미있어서 "이것으로 돈을 받는다는 것이 미안할 정도다"라고 말하는 사람들의 삶은 하루하루가 축제와 같다. 재미없고 무미건조하게 돈만 많이 벌고, 높은 직위에만 올라가고, 명성만 높아지는 삶은 가짜다.

왜 삶이 어떤 사람에게는 축제와 같은 반면, 어떤 사람에게는 고생이고 힘든 노동이 되는 것일까? 그 차이는 바로 열정을 가지고 살아가느냐 그렇지 않느냐에 따라 달라진다.

요즘 한창 인기를 누리고 있는 사람이 있다. 바로 『노는 만큼 성공한다』라는 기발하고 도발적인 책의 저자인 김정운 교수다.

이 책에는 뭐 하나 부족한 것이 없는, 꽤 성공한 삶을 살고 있는 중년의 남자가 등장하여 그럼에도 불구하고 사는 게 재미가 없다고 투정을 부리는 대목이 나온다.

"저는 중년의 남성입니다. 제 입으로 말하긴 뭐하지만, 저는 명문대를 나왔고, 현재 꽤 번듯한 대기업에 다니고 있고요. 젊은 시절 노력한 끝에 다른 이들에 비해 빠른 승진을 할 수 있었습니다. 덕분에 금전적으로 여유롭습니다. 제 명의로 된 좋은 집과 차, 그리고 좋은 아내와 아들, 딸들도 있습니다. 뭐 하나 부족한 것 없이 이 정도면 꽤 성공한 삶이라고 생각합니다.

하지만 저는 요새 참으로 무기력합니다.

매일매일 반복되는 회사 일에, 가족들도 아내는 아내대로 바쁘고 아이들은 요새 사춘기라 저를 본체만체합니다. 집에 가도 힘이 나질 않네요. 한 가정의 가장이라는 타이틀 말고 저에게 다른 의미를 찾을 수가 없습니다. 나이 40이 넘었는데 이제 와서 뭘 해야 재미있을지도 모르겠고. 제가 지금 분에 넘치는 투정을 부리고 있는 건가요?"

- 김정운, 『노는 만큼 성공한다』 중에서

우리나라 기성세대의 문제 중 하나가 아무리 돈을 많이 벌고,

사회적으로 성공을 해도 사는 것에서 참다운 재미를 느끼지 못하는 재미 불감증에 시달리고 있다는 것이다. 원인은 한 가지다. 10대에는 좋은 대학에 가기 위해 암기 위주의 입시공부만 했고, 20대에는 좋은 직장에 취직하기 위해 취직 공부만 했기 때문이다.

이렇게 앞만 보고 달려온 3040대는 이제 무엇을 하며 어떻게 살아야 할지 문득 자문하게 된다. 평생 처음으로 삶이란 것이 좋은 대학과 좋은 직장, 많은 돈, 높은 직위로만 구성된 것이 아니라는 사실에 뼈저리게 몸서리칠 수 있는 기회를 부여받게 되는 시기가 이때다.

밥만 먹고 살 수 없듯이 우리는 일만 하면서 살 수도 없다. 평생 공부를 하며 살았던 공자 역시 즐거움으로 공부를 했고, 공부를 통해 즐거웠기 때문에 평생 하면서 즐겼다고 말한다. 하지만 우리 같은 평범한 사람들은 즐거움이 없으면 그 어떤 것도 오래 할 수 없고 재미가 없어도 먹고살기 위해 인내하면서 살아가는, 노예와 다를 바 없는 삶을 살고 있다.

한편 열정을 가진 사람은 노예처럼 살지 않는다. 일상이 축제가 되고, 삶 자체가 축제가 된다. 공부를 하든, 일을 하든 열정을 가진 사람에게는 그것이 놀이가 된다. 우리의 진짜 문제는 일을 할 줄 몰라서 생기는 것이 아니라 인생을 축제로 만들 줄 몰라서 생기는 것이다.

창의성과 상상력은 삶을 축제로 만들 줄 아는 사람들을 통해 탄생되었다. 주입식 교육과 권위주의로 가득 찬 사회에 길들여진 한국인들이 아무리 머리가 좋고, 공부를 잘해도 노벨상 수상자가 될 수 없는 이유가 바로 이 때문이다.

삶을 축제로 만들고, 일을 놀이로 생각하는 사람은 창의적이고 기발한 아이디어를 낼 줄 안다. 그런 사람이 성공하는 것은 이 세상이 정한 법칙이다. 남들이 시키는 일이나 하고, 주어진 일만 잘하는 암기식 공부 천재들은 창조나 상상을 할 수 없다. 이제는 창조성의 시대이고, 상상력의 시대다. 이런 시대에 가장 경쟁력을 갖기 위해서는 삶을 축제로 만들 줄 아는 열정을 가진 사람이 되어야 한다.

열정을 가지고 자신의 일을 발견하고 자신의 삶을 살아가는 사람들은 날마다 가슴 뛰는 축제의 삶을 살고 있음을 『가슴 뛰는 삶』의 저자 강헌구 씨의 잔잔한 고백 속에서 찾아볼 수 있다.

"누가 보아도 무모한 일이었다. 그러나 그때 그 한순간의 선택이 내 인생의 모든 것을 바꾸어놓았다. 나는 운명의 루비콘 강을 건넌 것이다. 만약 그때 그 강을 건너지 않았더라면, 내 운명의 스위치를 켜지 않았더라면, 지금의 나는 어떤 모습으로 살고 있을까?

나는 지금, 날마다 가슴이 뛴다. 365일 매 순간 가슴속 저

깊은 곳에서 '쿵쿵쿵' 북소리가 들려온다. 십여 년간 꿈꾸어 왔던 장면들이 매일 내 눈앞에서 생생하게 펼쳐지기 때문이다. 오늘 하루 일어날 일들을 생각하면 어떤 신비하고 경이로운 빛이 나를 이끌어가는 것 같은 환상에 빠진다. 가슴에서 '전진!'을 의미하는 것 같은, '쿵' 하는 북소리가 들린다. '행복'이란 심장이 쿵쾅거리는 것이라고 했던가? 사랑에 빠진 사람들을 보라. 그들은 설렘과 떨림으로 항상 가슴이 뛴다. 힘들게 산 정상에 올랐을 때나, 어려운 프로젝트를 성공리에 마쳤을 때, 오랫동안 준비한 시험에 합격했을 때도 심장이 터질 것처럼 가슴이 뛴다. 하지만 우리 인생에서 그런 순간들이 과연 몇 차례나 있을까? 온몸의 세포 하나하나가 살아서 꿈틀거리는 느낌! 매 순간이 행복하고 즐거워서 가슴이 두근거리는 기분!

나는 매일 매 순간 그린 삶의 절정을 만끽하며 살고 있다. 이 얼마나 분에 넘치는 행복인가!"

- 강헌구, 『가슴 뛰는 삶』 중에서

3040대에 열정을 가진 자의 삶은 매일 매 순간 삶의 절정을 만끽하며, 온몸의 세포 하나하나가 살아서 꿈틀거리며, 가슴이 터질 것처럼 두근거린다. 그래서 3040대에 열정을 가진 사람의 삶이 진짜 인생이며, 진짜 삶이라고 할 수 있는 것이다. 열정이

빠진 3040대는 더 이상 희망도 없고, 축제도 없는 삶을 살아가게 된다.

가장 유명하고 가장 대중적인 프랑스의 작가 빅토르 위고의 『레 미제라블』에서 장발장은 다음과 같은 말을 한다.

"죽는 것은 아무것도 아니다. 정말 무서운 것은 결코 살아보지 못하는 것이다."

그의 말에 필자는 누군가 머리를 망치로 내리치는 듯했다. 정말 무서운 것은 열정 없는 삶을 살아가는 것이다. 3040대에 열정을 갖지 못한다면 결코 진정한 삶을 살아보지 못하는 것이다. 우리가 진정 두려워해야 할 것은 실패가 아니라 열정도 가져보지 못한 채 하루하루 기계적으로, 수동적으로, 노예와 같은 삶을 살아가는 것이다.

3040대에게 주어진 한 가지 사명이 있다면 제대로 살아보는 것이다. 열정 한번 가져보지 못한 채 생물학적인 생명만 연장해 나갈 것인가, 아니면 피 끓는 열정을 가지고 제대로 살아볼 것인가? 당신의 삶을 축제로 만들어라.

제대로 살아보는 것이 어떤 것인지 아는 사람은 하루하루가 행복하고 즐거워서 미칠 것 같은 자다. 그런 사람 중 한 명이 영화감독 스티븐 스필버그다. 그는 "매일 아침 나는 가슴이 너무나 두근거려서 도저히 식사를 할 수 없을 정도다"라는 말을 할 만큼 하루하루 축제와 같은 삶을 살아가고 있다.

세계적으로 영향력이 있고, 세계에서 가장 존경받는 인물 중 한 명이며, 흑인 최초의 억만장자인 사생아였고, 미혼모였고, 가난하고 뚱뚱했던 흑인 여성 오프라 윈프리 역시 그런 사람 중 한 명이다. 그녀는 위대한 인간 승리이자 희망의 증거다. 그녀는 "나는 미래를 바라보면 너무나 눈부셔서 눈을 뜰 수조차 없었다"고 말했다. 그녀에게 지금의 삶은 하루하루가 눈부실 정도의 축제인 것이다.

이들의 공통점은 모두 그 어떤 것도 녹일 수 있을 만큼 뜨거운 열정이 내면에 식지 않고 있었다는 것이다. 이들이야말로 제대로 살아보는 것이 어떤 것인지 제대로 알고 있다. 그리고 이들이 알고 있는 단 한 가지의 제대로 사는 법은 뜨거운 열정을 가지고 사는 것이다.

열정으로 내 안에
잠든 거인을 깨워라

천재 과학자 앨버트 아인슈타인이 노벨 물리학상을 수상하고,
상대성이론과 특수 상대성이론을 발표하여 절대적이라 생각했
던 시간과 거리가 관찰자의 운동에 따라 달라진다는 사실을 밝
혀냄으로써 과학계의 거장이 될 수 있었던 것은 무엇 때문이었
을까? 결코 그의 재능이나 지능 때문이 아니었다. 그것은 그의
열정 때문이었다.

"내게 특별한 재능이 있었던 것은 아니다. 다만 열정적으
로 굉장한 호기심이 많았을 뿐이다."

이 말처럼 아인슈타인이 위대한 발견을 할 수 있었던 것은 그가 가지고 있는 굉장한 호기심 때문이었다. 무엇인가에 굉장한 호기심을 가진다는 것은 그만큼 열정이 높다는 것과 같다.

독일의 철학자 니체는 "모든 위대한 예술가와 사상가들은 위대한 노동자다. 창작의 작업뿐 아니라 거부하고 엄밀히 조사하고 변형시키고 순서를 매기는 데 지칠 줄 모른다"고 말했다. 예술가와 사상가들을 끊임없이 창작 활동에 몰두하게 하고, 지칠 줄 모르고 나아가게 하는 단 한 가지의 재료는 열정이다.

미켈란젤로는 로마의 시스티나 성당에서 높이 4미터나 되는 천장 위에 매달려 4년 동안 하루도 빠짐 없이 엉거주춤하게 불편한 자세로 누워서 온갖 물감을 온몸으로 받아내면서 〈천지창조〉라는 대작을 탄생시켰다. 이처럼 열정이 없다면 그 어떤 것도 해낼 수 없으며, 자신의 내면에 잠자고 있는 그 어떤 거인도 깨울 수 없다.

왜 어떤 사람은 자기 안에 잠들어 있는 거인을 깨워 용이 되고, 어떤 사람은 재능과 지능이 뛰어남에도 자기 안에 숨어 있는 거인을 깨우지 못하여 평범한 삶을 살아가는 것일까? 그 차이는 바로 열정이 있느냐 없느냐에 있다. 열정이 없으면 아침에 이부자리에서 나오기조차 힘들고 버겁다. 그런 사람이 어떻게 자신의 내면에 잠자고 있는 거인을 깨울 수 있을까! 반대로 열정이 있고 가슴이 뜨거운 사람은 아침에 거뜬히 일어나는 것은 물론

밤에 잠을 자야 한다는 것이 오히려 더 힘들게 느껴진다. 하루 종일 일을 하고 자신을 불태워도 에너지가 남아 있기 때문이다.

자신이 하는 일에 목숨을 거는 사람은 결국에는 성공한다. 그 것이 세상의 법칙이다. 심은 만큼 거두고, 주는 만큼 다시 받게 되어 있다. 자신의 모든 것을 걸고 무엇인가를 하는 사람만큼 열 정이 넘치는 사람은 없다. 그리고 이런 사람은 반드시 자기 안에 잠든 거인을 깨우고야 만다. 이런 사람은 그 어떤 일도 시작하면 반드시 해내고야 마는 그런 사람이다.

승리란 만들어내는 것이고, 성공 또한 그렇다. 그리고 자기 안 에 잠든 거인을 깨우고 천재성을 발휘하는 것 또한 그렇다. 그 러한 것들을 하기 위해 공통적으로 필요한 열쇠는 바로 열정이 다. 인생에 공짜는 없듯이 열정이 없는 사람은 결코 이러한 일들 을 해낼 수 없다. 열정이 있는 자에게는 이 세상이 없던 길도 만 들어주고, 굳게 닫힌 문도 열어주는 법이다. 이러한 원리로 과거 일본을 일으켜 세운 한 권의 책 『자조론』의 저자 새무얼 스마일 즈는 "하늘은 스스로 돕는 자를 돕는다"는 유명한 경구를 만들 어냈다.

이렇게 자신의 성공을 이루어낸 인물 중 한 명이 바로 『바람과 함께 사라지다』를 쓴 미국의 소설가 마가렛 미첼이다. 그녀는 원래 신문 편집자였다. 하지만 발을 다쳐 일을 제대로 할 수 없 게 되자 회사를 그만두고 소설가가 되었다. 그때부터 비로소 미

116

첼의 내면에 잠자고 있던 거인이 깨어나기 시작했음을 그의 놀라운 활동을 통해 알 수 있다. 어렸을 때부터 집에서 들었던 전쟁일화와 그전부터 모아왔던 남북전쟁 관련 자료들을 바탕으로 그녀는 무려 10년 동안 『바람과 함께 사라지다』를 집필했다. 1,037페이지짜리 이 대작은 그녀가 얼마나 대단한 거인인지를 알게 해주는 그녀가 남긴 단 한 권의 책이다.

그녀에게 열정이 없었다면 이 책은 완성되지 못했을 것이고, 그녀에게 열정이 부족했다면 이 책은 출간되지 못했을 것이다. 심지어 출판사 관계자들이 이 책을 읽지도 않았을 것이다. 10년 동안 각고의 노력을 기울여 쓴 이 원고는 무려 3년 동안이나 출판사로부터 퇴짜를 맞았다. 보통사람 같았다면 더 이상 시도할 수 없었을 것이다. 하지만 그녀는 그 이상이었다. 그녀는 너덜너덜해진 원고 뭉치를 마지막 혼신의 힘을 다해 기차역에서 정차 중인 기차 안으로 던져 넣었다. 그곳에는 출판사 사장이 타고 있었다.

마침내 이 거인은 자신이 거인임을 증명해 보였다. 승리란 만들어내는 것이며, 성공도 또한 만들어내는 것이라는 사실을 그녀는 잘 알고 있었던 것이다. 그녀에게 열정이 없었다면 우리는 그녀의 대작을 읽어보지 못했을지도 모른다.

영어 산문문학 작품 중 가장 방대하고도 위대한 역사문학을 만든 영국의 18세기 역사가 에드워드 기번 또한 열정을 통해 자신의 내면에 잠자고 있던 거인을 깨운 인물이다. 그는 20여 년의 끈질긴 연구와 10여 년 간의 집필 끝에 『로마제국의 흥망사』를 완성시켰다. 평생을 독신으로 지내면서 2세기부터 1453년 콘스탄티노플의 멸망까지 무려 1,300년 동안의 로마 역사를 책으로 엮었다. 이 책이 로마 역사를 다룬 책 중에서 가장 조직적이고 계몽적이라고 평가를 받는 것은, 그가 오랜 시간 쏟아부은 에너지와 열정을 생각하면 당연한 일이라고 말할 수 있다.

놀이는 아이들만의
전유물이 아니다

3040대에 열정을 가진 자만이 인생을 즐기며 재미있게 살아갈 수 있다. 돈이 많거나 직위가 높다고 해서 무조건 인생을 즐기고 재미있게 살아갈 수 있는 것은 절대 아니다. 보통사람들은 일상에 매여 평생을 살아가는데, 그들에게는 공통점이 있다. 삶이 별로 재미없고, 즐거움이 없다는 것이다.

"보통사람은 일상에 매여 평생을 산다. 일상은 우리에게 주어진 물리적 시간이며, 기억이며, 동시에 상상력의 테두리다. 그것은 그저 '현실'을 의미하지 않는다. 꿈이 없는 현실은 껍데기일 뿐이다. 나는 일상을 규정하는 테두리를 넓힘으로써 내 일상의 폭과 깊이를 바꾸어갈 수 있기를 열망한다. 열망은 마음속 깊은 곳에 욕망을 가지고 있기 때문에 생겨난다.

욕망이 없는 삶은 이미 속세가 아니다. 모든 사람이 욕망과 화해하고 대항해 싸우는 수도사가 될 필요는 없다. 나는 욕망을 사랑한다. 욕망만큼 강력한 모티베이션은 없다. 일상의 삶은 그것으로부터 힘을 얻는다. 삶이 어려운 것은 가난하기 때문이 아니다. 욕망이 죽어가기 때문이다. 질병에 걸리는 것은 박테리아와 바이러스 때문이 아니다. 우리 몸속에 이미 이들을 이길 수 있는 힘이 있다. 병은 마음에 있다. 욕망을 잃은 삶은 죽은 것이다. 재미가 없다."

- 구본형, 『익숙한 것과의 결별』 중에서

구본형 씨의 말대로 욕망을 잃은 삶은 죽은 것이나 마찬가지고, 재미가 없다. 그가 말하는 욕망은 열정의 또 다른 이름이다. 열정이 없다면 무슨 수로 재미와 즐거움을 회복할 수 있겠는가? 우리는 이제 열정을 회복함으로써 삶의 재미와 즐거움을 회복해야 한다.

일상을 규정하는 테두리가 좁으면 좁을수록 우리가 누릴 수 있는 재미와 즐거움은 줄어든다. 그렇기 때문에 일상을 규정하는 테두리를 넓힘으로써 일상의 폭과 깊이를 변화시켜야 한다.

그러한 변화를 통해 우리는 좀 더 많이 즐길 수 있게 된다.

열정이 있어야 즐길 수 있고, 사는 것이 재미있다. 열정이 없으면 사는 것이 재미가 없어진다. 열정과 재미 사이에 연관성이 매우 많다고 하는 것도 이 때문이다.

우리가 어떤 일을 천직으로 여겨서 그 일을 하게 될 경우 진짜와 가짜를 구분하는 방법이 한 가지 있다. 과연 그 일을 하면서 진정으로 즐기고 있느냐 하는 것이다. 만약 누구보다 더 그 일을 즐기고 있는 자신을 발견한다면 그 일은 100% 천직임이 틀림없다. 하지만 순수하게 즐기지 못하는 일이라면, 혹은 돈을 벌고 생계를 유지하기 위해 하고 있는 일이라면 그 일은 100% 천직이 아닐 수 있다.

『지적으로 나이 드는 법』의 저자 와타나베 쇼이치는 자신의 저서에서 즐거움에 이르지 못하는 예술가와 학자는 '진짜'라고 할 수 없다고 말했다.

"예술가에게 예술이, 학자에게 학문이 즐거움에 이르지 못한다면 그것은 '진짜'라고 할 수 없을 것이다. 즐기는 경지에 이르지 않고서는 작품과 연주, 또는 이야기와 행동으로 타인의 영혼을 흔들지 못한다. 이것은 살면서 내가 몸소 깨달은 진리이기도 하다. 그래서 나는 기회가 있을 때마다 젊은 사람들에게 이렇게 충고한다.

"지금 자네가 하고 있는 일에 열정을 다하게. 그러나 그전
에 그것을 온몸으로 즐겨보게."

- 와타나베 쇼이치, 『지적으로 나이 드는 법』 중에서

그의 말처럼 어떤 예술가라도, 어떤 학자라도 즐거움에 이르
지 못한다면 그것은 진짜라고 할 수 없다. 마찬가지로 우리의 삶
에 있어서도 즐거움에 이르지 못한다면 그것은 진짜 인생이라
고 할 수 없다.

진짜 인생인 즐거움에 이르는 삶을 살고 싶다면 먼저 열정적
으로 살아야 한다. 온몸으로 즐기는 것은 열정의 한 부분에 불과
하다. 열정은 몸과 마음을 다해 헌신하고, 즐기고, 느끼며 애정
을 가지고 집중하는 것이다. 그런 점에서 온 몸과 마음을 다해
집중하고 즐기고 있다면 이미 열정을 가진 것이라고 할 수 있다.

진짜와 가짜 인생은 열정을 가짐으로써 재미와 즐거움의 경지
에 도달하였는지를 통해 구별할 수 있다. 재미와 즐거움의 경지
에 도달한 분야가 있다면 그것은 열정이 있었기 때문이다. 이 세
상은 재미와 즐거움의 경지에 도달한, 열정을 가지고 있는 사람
들에 의해 발전되어왔다는 사실을 명심하자.

놀이가 아이들의 전유물이라고 생각해서는 안 된다. 아이들이
행복할 수 있고, 가장 창조적이고 풍부한 상상력을 가질 수 있
는 것은 아이들에게 놀이가 있기 때문이다. 어른들의 생활에서

도 역시 놀이를 배제시킬 수 없다. 인간과 놀이는 불가분의 관계를 가지고 있다. 3040대가 무기력하고 재미와 즐거움을 느끼지 못하는 이유는 놀이를 빼앗겼기 때문이다. 혹은 본인 스스로 놀이에 무관심해졌기 때문이다. 소위 말하는 나잇값을 하기 위해서 말이다. 진짜 나잇값은 나이 먹은 만큼 더 넓은 세상을 바라보고, 더 넓고 더 높은 꿈을 꾸고, 더 많은 사람들에게 더 큰 것을 베풀고 나누어주는 것이다. 겉으로 체면을 차리며 하고 싶은 것도 하지 못하고 자신을 억압하고 감성과 감정에 충실하지 못한 것이 아니다.

네덜란드의 역사학자이자 문화이론가인 요한 하위징아는 자신의 저서인 『호모 루덴스(놀이하는 인간)』라는 책에서 인간의 기능 중 가장 근본적인 것이 놀이라고 설파하고 있다.

"우리의 시대보다 더 행복했던 시대에 인류는 자기 자신을 가리켜 감히 '호모 사피엔스(Homo Sapiens, 합리적인 생각을 하는 사람)'라고 불렀다. 하지만 세월이 흐르면서 우리 인류는 합리주의와 순수 낙관론을 숭상했던 18세기 사람들의 주장과는 다르게 그리 합리적인 존재가 아니라는 게 밝혀졌고, 그리하여 현대인들은 인류를 '호모 파베르(Homo Faber, 물건을 만들어내는 인간)'라고 부르기 시작했다. 비록 인류를 지칭하는 용어로서 faber(물건을 만들어내는)라는 말이 sapiens(생각하는)라는 말보다는

한결 명확하지만, 많은 동물들도 물건을 만들어낸다는 점을
감안할 때 이 말 역시 부적절하기는 마찬가지다. 인간과 동
물에게 동시에 적용되면서 생각하기와 만들어내기처럼 중
요한 제3의 기능이 있으니, 곧 놀이하기다. 그리하여 나는
호모 파베르 바로 옆에, 그리고 호모 사피엔스와 같은 수준
으로, 호모 루덴스(Homo Ludens, 놀이하는 인간)를 인류 지칭 용어
의 리스트에 등재시키고자 한다."

- 요한 하위징아, 『호모 루덴스(놀이하는 인간)』 중에서

인류의 법률과 과학, 철학, 예술 등의 성취와 진보가 놀이 본능
으로부터 비롯되었다는 것을 인식하며 놀이를 회복하고, 재미와
즐거움을 느끼며 살아갈 때 우리는 그 이전보다 훨씬 더 성취적
이고 진보적인 삶을 살아갈 수 있다. 열정이 젊은이들만의 전유
물이 아니듯, 놀이와 재미와 즐거움도 어린아이들만의 전유물이
아님을 명심해야 한다. 3040대에 열정을 가져야만 놀이와 재미
와 즐거움을 되찾을 수 있고 회복할 수 있다.

사소한 것에
얽매이지 마라

세상을 살아가다 보면 화가 날 때도 있고 기분이 불쾌해질 때도 있다. 여기서 한 가지 명심해야 할 사실은 우리가 아무리 분노하고 화를 낸다고 해도 이 세상은 눈썹 하나 까딱하지 않는다는 것이다. 개가 짖는다고 달리던 열차가 갑자기 멈추지 않듯 우리는 이 세상에 비하면 너무나 작은 존재다. 그런데 우리는 이 세상의 너무 많은 것들에 집착하고 연연하며 살고 있다. 이는 마치 그것에 속박되고, 얽매여 사는 것이나 다름없다.

좀 더 큰 사람이 되면 작은 일에 연연하지 않고도 잘 살아갈 수 있다는 사실을 깨닫게 된다. 미국의 작가 웨인 다이어는 화를 내는 것보다는 웃음을 택하는 것이 현재를 즐기면서 살아가는 방법이라고 설파한 바 있다.

"세상일 중에서 당신이 하는 일은 당신이 화를 내든 안 내든 간에 나이아가라 폭포에 컵의 물을 부어 넣는 정도의 영향밖에 주지 않는다. 당신이 웃든 분노하든 마찬가지다. 그게 그다지 중요하지 않다. 다만, 그대가 웃음을 택하면 현재가 즐거워지고 분노를 택하면 현재가 비참해진다는 것이다."

그의 말처럼 우리가 아무리 화를 낸다 해도 나이아가라 폭포에 한 컵의 물을 붓는 것과 같다면 화를 내며 아까운 에너지를 낭비하고 힘을 소모하는 대신 현재를 즐기며 웃음을 택하는 것이 지혜로운 방법이다.

이 세상이 웃지 않는 이유는 우리가 웃지 않기 때문이다. 인생에 활력이 없는 것은 열정을 가지고 살아가지 않기 때문이다. 인생에 유머와 웃음이 없는 것은 자신이 열정 없이 웃지 않으며 살기 때문이다. 그리고 우리가 웃지 않고 사는 이유는 사소한 것에 목숨을 걸기 때문이다. 『사소한 것에 목숨 걸지 마라』의 저자이자 카운슬러인 리처드 칼슨은 이렇게 말했다.

"사소한 것에 목숨 걸지 말라, 이 세상의 모든 것은 다 사소한 일이다."

　조금만 따져보아도 우리가 매일 겪는 일들은 대부분 별로 중요하지 않은 사소한 것들이라는 사실을 알 수 있다. 문제는 우리가 너무 심각하게 생각한다는 것이다. 그래서 사소한 일들에 자신을 너무나 깊게 매몰시키고, 스스로 그곳에서 헤어 나오지 못하게 만든다. 그렇게 사소한 일들에 너무 많은 에너지를 낭비한 나머지 정작 중요하고 멋진 일에 집중하지 못하고, 심지어 완전히 담을 쌓고 사소한 일에 사로잡혀 살아가곤 한다.

　3040대가 열정을 가지고 살아야 하는 이유 중 하나는 열정이 사소한 일들에 신경을 덜 쓰도록 조력해주기 때문이다. 다시 말해 열정을 가지고 사는 사람들은 사소한 일들이 아닌 삶에 있어서 가장 멋지고 중요한 일에 오롯이 에너지를 사용하고 집중할 줄 안다.

　더불어 열정을 가지고 살아가는 사람들은 일상에 널려 있는 수많은 사소한 것들에 신경을 쓰지 않기 때문에 삶이 활력과 유머로 가득 찰 수 있다. 바로 이것이 열정으로 하여금 활력과 유머를 되찾는 원리다.

　활력과 유머, 익살, 여유를 갖고 있는 사람은 자기를 발전시키고 혁신할 수 있다. 세계 3대 경영 구루 중 한 명인 오마에 겐이치는 여유와 익살을 잃지 않는 마음이야말로 혁신의 본질이며, 그러한 마음 때문에 자신을 발전시킬 수 있다고 말했다.

"현대의 혁신은 '유희심(여유와 익살을 잃지 않는 마음)' 덕분일 것
이다. 유희심이란 자기를 발전시키고, 주위로 눈을 돌려 비
뚤어진 것을 바로 하고자 하는 마음이기 때문이다. 유희심
은 자기를 자기답게 만들고, 건물을 건물답게 하며, 거리를
거리답게 한다."

- 오마에 겐이치, 『난문쾌답』 중에서

그의 말대로라면 일상에서 여유와 익살, 활력과 유머를 되찾
는 것은 매우 중요한 일이다. 우리 모두 열정으로 이러한 것들을
되찾아 자신을 발전시키는 사람이 되어보자.

위대한 천재 레오나르도 다빈치 역시 활력과 유머의 중요성을
잘 알고 있었다. 활기차고 즐겁게 일하는 것이 우리의 삶에 얼마
나 중요한지에 대해 그는 다음과 같이 말했다.

"일을 즐겁게 하는 자는 세상이 천국이요, 일을 의무로 생
각하는 자는 세상이 지옥이다."

일을 즐겁게 할 수 있는 활력과 유머는 이 세상을 밝고 살맛나
는 세상으로 만들어준다. 유머의 유익한 점은 이것뿐만이 아니
다. 유머가 있는 사람은 그렇지 못한 사람보다 연봉이 높고, 인
간관계가 더 좋고, 자신감이 넘친다.

『유머가 이긴다』라는 책에 소개된 〈하버드 비즈니스 리뷰〉의 발표 내용을 보면 '평범한 임원'과 '뛰어난 임원'의 차이는 평소 사용하는 유머성 발언의 빈도에서 비롯된다고 한다. 즉, 평소에 유머 있는 사람은 연봉도 높다는 것이다. 유머가 있을수록 능력이 좋아지고 활력이 넘치고, 유머가 있는 리더일수록 일도 잘하며 인간관계도 좋다는 것이다.

오프라 윈프리 역시 이런 사실에 대해 자신의 경험을 토대로 다음과 같이 말했다.

"나에게 유머가 없었다면 오늘의 나도 없었을 것이다. 기억하라. 한 번 웃을 때마다 성공의 확률이 조금씩 높아진다는 것을."

바로 이런 점에서 3040대는 활력과 유머가 넘치는 사람이 되어야 한다. 그런 사람이 되기 위해서는 무엇보다 열정을 가지고 있어야 한다. 이것이 우리가 열정을 가져야 하는 또 다른 이유다.

포기를 모르는 열정이
최고의 나를 만든다

데이비드 흄이 『영국사』를 집필하는 데 하루 열세 시간씩 투자했다는 것을 아는가? 당신은 어떤 일에 하루 열세 시간씩 투자해본 적이 있는가? 어떤 일을 위해서 하루 열세 시간씩 투자를 하고 있는가? 3040대의 삶에 열정이 더해진다면 하루 열세 시간씩 끊임없이 도전하고 시도할 수 있다. 그것이 열정의 힘이다.

세상을 살아가는 데 있어 진정으로 필요한 것은 적당히 살아가며 적당히 뜨거워지고 적당히 열심히 하며 적당히 즐기는 적당주의가 아니라 과감하게 자신의 모든 것을 불태울 수 있는 열정이다. 나약하고 게으르며 삶의 목적도 없는 사람에게는 절대로 성공이 따라오지 않는다. 반면 열정이 있는 사람은 과감하고 끈기 있게 삶의 목표를 향해 끊임없이 시도하고 도전한다. 이런 사람에게는 반드시 행복한 일이 일어나고, 언젠가는 대박이 터진다.

우리의 평균 수명은 100년 전의 두 배, 18세기의 세 배 가까이에 육박한다. 이렇게 긴 인생을 행복하고 부유하게 살아가기 위해 인생의 가장 중요한 시기인 3040대에 끊임없이 도전하고 시도하는 것은 선택이 아닌 필수다.

3040대는 인생의 가능성이 가장 무궁무진한 시기다. 이것은 축복인 동시에 저주가 될 수 있다. 이것을 축복으로 바꾸는 사람도 자기 자신이고, 저주로 만드는 사람 역시 자기 자신이다.

나이와 상관없이 평생 성장하고 발전하고 앞으로 나아가는 사람들은 모두 끊임없이 시도하고 도전한다는 사실을 세계적인 경영 석학이자 현대 경영학의 아버지인 피터 드러커의 삶을 통해 발견할 수 있다. 세계적인 경영학자로서의 명성을 이미 오래 전에 획득한 피터 드러커는 93세의 나이에도 끊임없이 시도하고 도전하는 삶을 살았다. 그는 93세가 되던 어느 날 기자와의 인터뷰 도중에 이런 질문을 받았다.

"지금까지 당신이 쓴 책 가운데 저에게 단 한 권만 권해준다면 어떤 책을 말씀하시겠습니까?"

피터 드러커는 그 기자의 허를 찌르는 촌철살인과 같은 대답을 했다.

"다음에 출간될 책입니다."

그는 이미 사회적 명망과 존경을 한 몸에 받는 신화적인 경제학자가 되어 있었고, 나이도 93세나 되어 있었다. 하지만 멈추지 않고 끊임없이 도전하고 시도했던 것이다. 바로 이런 습관과 성격이 그로 하여금 세계적인 경영학자로 거듭날 수 있게 해준 열정인 것이다.

끊임없이 도전하고 시도하는 자는 무엇이든 해낼 수 있다는 것을 보여주는 사람으로 당나라 시인 이백을 꼽을 수 있다. 그는 중국 최고의 시인으로 추앙 받으며 시선(詩仙)으로도 불리는 위대한 인물이다. 그로 하여금 그렇게 위대한 경지에 오르게 해준 것은 바로 젊은 날의 큰 가르침이었다고 해도 과언이 아니다.

그는 열 살 때 시와 글씨에 특출한 재능을 보였다. 하지만 정작 공부에는 열성이 없었다. 이에 그의 아버지는 그를 훌륭한 스승과 함께 상의산에 입산해 학문에 정진하게 하였다. 하지만 그는 따분한 산 생활과 끝도 없는 글공부로 인해 중도에 싫증이 났다. 결국 스승 몰래 조용히 산을 내려오기로 결단했다. 그렇게 산을 내려오던 그는 산 중턱에서 어느 시냇가에 도착했다. 그곳에서 이상한 행동을 하고 있는 어떤 노인과 마주쳤다. 그 노파는 도끼를 계속 갈고 있었다. 그런데 왜 도끼의 날을 갈지 않고 몸통을 갈고 있는지 의아해 진지하게 물어보았다.

"노인, 지금 뭘 하고 계신지요?"
"도끼를 갈아서 바늘로 만들려고 하네."

이백은 놀라지 않을 수 없었다. 그 작은 바늘을 만들기 위해 엄청나게 크고 단단한 도끼를 갈고 있었으니 말이다. 이백은 도저히 도끼를 갈아서 바늘을 만들 수 있다는 생각을 해본 적이 없었다. 그래서 다시 물었다.

"도끼를 아무리 간다고 해도 그것이 바늘이 될 수 있겠습니까?"
"중도에 포기만 하지 않는다면 충분히 될 수 있다네."

이백은 노인의 이 대답을 듣고 큰 깨달음을 얻었다.
'그렇다. 노력해서 안 될 일이 어디 있겠는가? 처음부터 시도하지 않는 것이 문제일 뿐이고, 더욱 나쁜 것은 하다가 끝장을 보지도 않고 포기하는 것이다.'
그러한 깨달음을 얻고 나서 자기 자신의 현재 모습을 자각한 그는 자신의 모습에 부끄러움을 느꼈다. 그래서 다시 산으로 올라가 공부를 끝까지 마쳤다. 그 결과 중국 최고의 시인이 될 수 있었다.

'마부작침(磨斧作針)'이라는 말이 바로 이 이야기에서 유래했다. 우리가 끊임없이 시도하고 도전해야 하는 이유 또한 여기에서 찾을 수 있다. 누구나 중간에 포기하지 않는다면 무엇이든 해낼 수 있다. 그것이 바로 작은 물방울이라도 끊임없이 떨어지면 결국엔 돌에 구멍을 뚫는다는 '수적천석(水滴穿石)'의 이치인 것이다.

제2의 인생을
즐길 준비를 하라

"타인의 삶으로부터 나는 뛰어내렸다. 내가 되기 위해 나는 혁명이 필요했다."

변화경영연구소 소장인 구본형 씨가 자신의 저서에서 했던 말이다. 그 역시 20대와 30대에는 타인과 같은 인생을 살았던 인물이다. 그러다가 나이 마흔이 넘어서 타인과 같은 삶으로 대변되는 직장을 20년 만에 그만두고 자신만의 삶을 살기 위해 타인의 삶으로부터 뛰어내렸다. 그는 진정한 자신의 인생을 찾기 위해 혁명이 필요하다는 사실을 발견하고, 혁신을 통해 새로운 제2의 인생을 힘차게 살아가고 있다.

우리가 인생을 살아가는 데 있어서 혁명과 혁신, 자기 경영이 왜 필요할까? 그냥 열심히 살아가고 경쟁력을 확보해서 살아가면 되는 것 아닐까? 이러한 질문에 구본형 씨는 다음과 같이 대답한다.

"기업이 필요로 하는 사람은 기업이 존재하는 한 실업의 위기에 빠지지 않는다. 핵심적인 기술력을 보유한 사람은 오히려 기업을 선택할 수 있다. 혹은 자신의 기술력을 바탕으로 스스로의 1인 기업을 꾸려나갈 수 있다. 대량 실업 시대의 자기 경영은 바로 기업이 요구하는 기술력을 확보하는 것이다. 당연히 이것은 노력을 요구한다. 그러나 그것은 노력 이상을 의미한다. 노력만으로 만들어진 삶은 절름발이에 불과하다.

삶에는 어떤 흥분이 있어야 한다. 일상이 그저 지루한 일이나 노력의 연속이어서는 안 된다. 어제 했던 일을 하며 평생을 살 수 없는 것이 바로 격랑과 같이 사나운 지금이다. 부지런함은 미덕이지만 무엇을 위한 부지런함인지가 더욱 중요하다. 그저 바쁜 사람은 위험에 처한 사람이다. 기계가 대신할 수 있는 영역에 몸을 담고 있는 사람 또한 매우 위험하다. 단순 반복적인 일로 매일을 보내는 사람 역시 위험하다. 그가 진정 성실한 사람이라고 해도 그렇다."

그의 말에서 우리는 기업이 요구하는 기술력과 경쟁력을 확보하기 위해 무조건 열심히 살아가는 것을 경계해야 한다는 사실을 알 수 있다. 무엇보다 삶에는 어떤 흥분이 있어야 한다는 것을 다시 한 번 느낄 수 있다. 이제 더 이상 어제 했던 일을 하며 평생을 살 수 없다는 부분 또한 되새겨보아야 할 대목이다. 우리에게 혁신이 필요한 이유는 바로 이 때문이다.

이 세상은 너무나도 빨리 급변하고 있다. 그리고 내적인 면에서도 무조건 열심히 살아가는 것은 반쪽짜리 인생에 불과하다. 자신이 무엇을 하고 싶어 하는지도 모르고 욕망과 열정이 부재한 채 그저 부지런할 뿐이라면 아무 소용이 없다. 이런 이유에서 20대에 앞만 보고 열심히 살아온 사람들은 대부분 매우 위험한 순간을 맞이하게 되는 것이다. 이 위기를 바꿀 수 있는 시기가 바로 3040대다. 위기는 곧 기회가 될 수 있다.

3040대에 가장 많은 사람들이 절망하기도 하지만 반대로 새로운 제2의 인생, 다시 말해 '진짜 인생'을 발견하고 그 길로 과감하게 나아가 눈부신 삶을 살아가는 사람들이 가장 많은 시기이기도 하다. 인생의 극과 극이 존재하는 가장 위험하면서도, 동시에 가장 기회가 많은 최고의 순간이 바로 3040대이기 때문에 혁신이 필요한 것이다.

삶에는 어떤 흥분이 있어야 하듯 3040대에게는 혁신과 혁명이 있어야만 한다. 3040대에는 자신을 혁명할 수 있다. 이 사실을 믿는 사람은 그 믿음대로 될 것이다.

"인생은 짧지만 지식은 길다. 기회는 순식간에 지나가는
데, 경험은 믿을 수 없고 판단은 어렵기만 하다."

히포크라테스의 잠언집에 나오는 이 말처럼 우리에게 가장 소
중한 시기는 길지 않다. 그때는 바로 3040대다. 이 시간은 생각
보다 순식간에 지나간다. 우물쭈물하다가는 어느덧 50이 되고
60이 되어버린다. 그때가 되면 아무리 인생을 혁신하고, 자기 혁
명을 하려고 해도 3040대에 하는 것보다 열 배 혹은 100배 더
힘이 들고, 성공 확률은 반대로 100배 정도 낮아진다. 이것은 엄
연한 현실이다.

너무나 빨리 스쳐 지나가는 3040대의 혁신 시기는 인생 최대
의 기회다. 그렇기 때문에 이 기회를 잡을 수 있는 준비가 필요
하다. 기회는 준비된 사람에게만 찾아오고, 준비된 사람만이 붙
잡을 수 있는 법이다. 이때 준비할 것은 바로 자신을 뜨겁게 달
구는 것이다. 즉, 무엇인가에 미쳐야 한다. 가슴 뛰는 열정을 가
지고 살아가야 한다. 우리가 기회를 발견하지 못하고, 운 좋게
발견한다 해도 붙잡지 못하는 이유 중 하나는 준비가 되어 있지
않기 때문이다.

내 안에서 울리는
열정의 소리를 들어라

삶은 누구에게나 어렵고 힘들다. 그러니까 인생이다. 하지만 이 말은 틀렸다. 삶을 재미있고 즐겁고 신나고 어렵지 않게 사는 사람이 이 세상 어딘가에는 존재하기 때문이다. 대표적인 예로 영국 버진그룹의 리처드 브랜슨 회장을 들 수 있다.

리처드 브랜슨은 '우주 관광', '심해저 탐험', '열기구로 대서양 횡단', '미국 아일랜드 해협 횡단', '도버해협 최단시간 횡단' 등의 이력을 갖고 있다. 이렇게 재미있고 신나는 모험을 하면서 그는 오늘도 살고 있다. 그럼 일은 언제 하냐고? 이러한 활동들이 곧 그의 일이기도 하다. 그는 일과 놀이를 구별하지 않는다. 그의 모든 사업 아이템은 이러한 놀이를 통해 시작되었다.

"나는 지금도 재미있다. 원래 내 사업방식의 핵심은 '재미'였다. 나에게 있어 재미란 시작부터 모든 것을 풀어나가는 열쇠다."

삶이 어렵고 기업의 경영이 어려운 데에는 공통의 이유가 있다. 바로 열정이 없기 때문이다. 리처드 브랜슨의 삶은 온통 열정으로 가득 차 있다. 그는 "열정을 가지고 고객에게 최고의 경험을 선사한 결과 큰 성공을 할 수 있게 되었다"고 말한다.

난독증으로 글과 재무제표도 읽지 못하고, 학창 시절에는 최하위 성적으로 간신히 고등학교를 졸업했지만 그에게는 뜨거운 열정이 있었기에 남들보다 더 큰 성공을 거둘 수 있었고, 남들보다 더 재미있고 신나는 삶을 살고 있는 것이다. 삶이 살기 어렵고, 성공이 어려운 것은 이 세상의 모든 것을 뛰어넘을 수 있을 만큼의 뜨거운 열정이 없기 때문이다.

미국에 스티브 잡스가 있다면, 영국에는 리처드 브랜슨이 있다고 할 정도로 영국에서 유명한 인물인 그는 오직 열정 하나로 영국에서 가장 큰 기업을 일구어냈다. 그렇기 때문에 그의 삶은 누구보다 재미있고 즐겁고 성공적이다. 그가 삶에서 얻은 최고의 교훈이자 실제로 삶의 좌우명으로 삼고 있는 것은 "용기를 내서 일단 해보자!"는 것이다.

무엇인가를 시작하기 전에 주저하고 망설이는 사람보다는 실패하더라도 일단 도전해보는 사람이 더 낫다. 최소한 실패를 통해 더 많은 것을 배울 수 있기 때문이다. 실패를 통해 더 크게 성공을 할 수 있는 능력이 길러지기도 한다. 가장 재미없고 가장 어려운 삶을 사는 사람은 열정도 없고 그 어떤 것도 시도해보지 않는 사람이다. 리처드 브랜슨이 세운 '버진(Virgin)'이란 회사는 '즐거운 삶이란 가치를 파는 회사'라고 그의 저서 『내가 상상하면 현실이 된다』는 책에서 밝히고 있다.

"나에게 비즈니스는, 슈트를 잘 차려입거나 돈을 버는 것만을 의미하지 않는다. 나 자신, 나의 생각에 솔직해지는 것, 나의 본질에 가까워지는 것이다."

그에게 비즈니스는 자신의 생각에 솔직해지는 것이고, 자신의 본질에 가까워지는 것이다. 그리고 그것은 바로 열정이다.

"나는 가슴이 이끄는 대로 살고, 새로운 것에 도전하며, 상상한 것을 실현한다. 내 꿈과 열정에 솔직한 것, 그것이 내 삶이고 경영이다."

그의 삶은 한마디로 자신의 꿈과 열정에 솔직한 것이다. 그는 열정에 충실하였고, 그 결과 누구보다 멋진 삶을 살아가는 성공적인 인물이 될 수 있었다. 그가 평범함을 거부한 채 자유분방함을 마음껏 즐길 수 있었던 것은 그가 남다른 열정을 소유한 인물이었기 때문이다.

"그때쯤 나는 내가 대학을 가거나 학구적인 삶을 살 운명이 아니라는 것을 깨달았다. 대학에 가지 않고도 최고로 멋진 삶을 살 자신이 있었고, 무엇보다 사업가로서 살아가겠다고 결심했다."

그는 자신의 열정이 이끄는 대로 움직였고, 결단했고, 행동했다. 그 결과 그는 대학을 나온 그 어떤 사람보다도 더 최고로 멋진 삶을 지금 살아가고 있다. 대학을 나와도 삶이 어렵게 느껴지는 사람은 열정이 없기 때문이고, 자신의 내면에서 울리는 열정의 소리를 외면했기 때문이다. 지금이라도 자신의 영혼 속 깊은 곳에서 울려나오는 열정의 소리에 귀를 기울여야 한다. 그것이 최고로 멋진 삶을 살아갈 수 있는 유일한 방법이다.

열정으로 고정관념을 타파하라

우리가 어떤 삶을 살든 우리 내면에서 우러나오는 빛과 같은 열정은 막을 수가 없다. 그것을 억지로 막으려고 하는 사람은 세상이 정해놓은 평범하고 힘들고 실패뿐인 길을 가게 된다. 하지만 그것을 타파하는 사람은 세상이 정해놓은 길을 과감하게 벗어나 자신의 내면에서 우러나오는 영혼의 소리에 귀를 기울이고 자신의 직관을 따르게 된다. 이처럼 자신의 직관을 믿고 따르는 사람은, 세상이 정해놓은 고정관념 안에서만 살아가는 사람이 평생 한 번도 맛보지 못하는 위대한 성공을 경험하게 된다. 이것이 성공하는 사람과 실패하는 사람의 차이다.

자신이 처한 환경이 불우하고 불행하더라도 열정을 가지고 있는 사람은 세상의 룰이 정해주는 불행한 삶을 타파할 수 있다. 이러한 사실을 온몸으로 보여주는 흑인 여성이 있다. 그녀는 바로 세계적인 시인이며, 버락 오바마와 오프라 윈프리의 정신적 멘토인 마야 안젤루다.

그녀가 남들처럼 자신에게 주어진 환경에 순응하며 세상이 정해준 운명에 따라 살았다면 지금 누리고 있는 모든 명성과 인기와 존경을 누리지 못했을 것이다. 그녀에게 주어진 삶은 너무나 가혹하고 아픈 것이었다.

철이 들기도 전인 세 살 때 부모가 이혼을 해 할머니 집에 보내졌던 그녀는 여덟 살 때 다시 어머니와 살기 위해 어머니가 살고 있는 집에 갔다가 어머니의 정부에게서 그 어린 나이에 강간을 당하게 되었다. 비극은 그것으로 끝나지 않았다. 그 후에 일어난 일들이 그녀를 더욱더 힘들게 했다. 여러 가지 충격적인 일을 더 겪은 그녀는 결국 말을 잃어버리게 되었던 것이다. 어린 나이에 감당하기에는 너무 버거운 세상의 풍파와 시련과 아픔이었을 것이다.

그 후 그녀는 다시 말을 되찾게 되었는데, 문학에 대한 열정이 남아 있었기에 가능한 일이었다고 볼 수 있다. 고등학교에 재학 중이던 열여섯 살에 아들을 낳아 미혼모가 된 마야 안젤루는 웨이트리스, 요리사, 댄서, 가수로 힘들게 일하며 아이를 키워야 했다. 그녀는 샌프란시스코의 전차운전사로, 사창가의 마담으로 다양한 직업을 전전하며 살았다. 그런 그녀가 흑인여성으로서는 최초로 세계적인 베스트셀러 작가 반열에 이름을 올린 책『새장에 갇힌 새가 왜 노래하는지 나는 아네』라는 책을 발표했을 때 그녀의 나이는 42세였다.

그녀는 그 후 영화에도 출연하면서 가수로, 작곡가로, 극작가로, 배우로, 프로듀서로, 인권운동가로, 저널리스트로 다양한 분야에서 왕성한 활동을 펼쳤다. 1993년에는 빌 클린턴 대통령의 요청으로 흑인 여성 최초로 미국 대통령 취임식에서 축시를 낭송하기도 했고, 50개가 넘는 명예박사 학위를 받기도 했다.

그녀는 평생 남들보다 훨씬 더 불행한 환경 속에서 살아갈 수도 있었다. 하지만 스스로의 힘으로 이를 극복하고 이제는 그 누구보다 화려하고 성공적인 삶을 살아가고 있다. 열정이 없었다면 그녀가 42세의 나이에 자신의 삶을 극적으로 바꾸어놓은 책을 쓰지도 않았을 것이고, 발표도 하지 않았을 것이다. 흑인 여성으로 오프라 윈프리에 버금가는 명성과 영광을 누리며 살고 있는 그녀에게서 우리는 열정을 배워야 한다.

세상의 고정관념은, 공부를 많이 못한 사람은 책을 쓸 수 없다고 한다. 좋은 대학교의 졸업장이 없으면 책을 써도 아무도 읽어주지 않는다고 한다. 또한 배우지 못하고 내세울 것 하나 없는 3040대의 여성이, 그것도 흑인 여성이 책을 출간하기는 힘들고 출간해봤자 아무도 거들떠보지 않는다고 한다. 하지만 마야 안젤루는 세상이 정해놓은 고정관념을 완전히 타파했다. 그리고 지금은 미국을 대표하는 미국의 르네상스 그 자체가 되었다.

3040대 이전의 삶이 아무리 뒤죽박죽이더라도, 이제부터라도 우리는 다시 시작할 수 있고 다시 도전할 수 있고 마야 안젤루처럼 새로운 시도와 도전으로 세상이 정해놓은 고정관념을 타파할 수 있다.

"그 어떤 것도 내면에서 우러나오는 빛을 가릴 수 없다."

그녀의 말처럼 이 세상의 그 어떤 것도, 그 어떤 고정관념도 우리의 내면에서 우러나오는 열정을 막을 수는 없다. 너무나 많은 사람들이 그녀의 강연을 듣는 것을 큰 행운으로 여기고 있을 정도로 그녀는 큰 성공을 거두었다. 그녀의 성공 비결은 한마디로 지칠 줄 모르는 열정이었다.

최고의 단순함이
최고의 열정을 만든다

미국 최고의 사상가, 초월주의자, 자연주의자, 그리고 낭만주의 문학을 태동시킨 시인이며 문필가인 헨리 데이빗 소로우는 월든 호숫가에 직접 소그만 통나무집을 지어 그곳에서 2년 2개월간 자급자족하는 삶을 살았다. 그는 세상과 떨어져 자연과 벗하며, 호숫가의 식생에 동화되어 사색과 명상에 잠기는 등 철저히 자연의 세계 속에서 자연의 시계에 맞추어 자연주의적인 삶을 살았다. 그때의 경험을 토대로 탄생한 것이 그 유명한 『월든』이라는 책이다.

『월든』이라는 시대의 명작이 출간되었을 때 그는 마흔에 가까운 나이였다. 그가 40대 중반에 죽었다는 점을 감안할 때 평생을 열정적으로 살았던 인물이라고 할 수 있다.

그는 남과 다르게 생각하고, 남들이 보지 못하는 것을 보는 사람이었다. 평범한 삶을 거부한 그는 물욕에 항거했고, 사회와 국가의 인습에 철저하게 저항하며 과감한 실험정신으로 평생을 살았던 인물이다. 그가 월든 호숫가로 들어가 오두막을 짓고 살았던 것도 멕시코 전쟁과 노예제도에 항의하기 위해서였다.

그는 인두세 납부 거부로 투옥을 당하기도 했고, 노예해방운동을 위해 온몸을 바쳐 헌신하기도 했다. 그의 저항정신은 『시민 불복종』이라는 걸작을 탄생시켰고, 이 책은 킹 목사와 마하트마 간디에게 사상적 영향을 주었다.

그는 하버드대학교 철학과를 우수한 성적으로 졸업했음에도 물욕과 소유 지향적인 사회와 국가에 환멸을 느꼈다. 그리고 삶의 정수를 외치며 다음과 같이 말했다.

"나는 자유롭게 살기 위해 숲 속에 왔다. 삶의 정수를 빨아들이기 위해 사려 깊게 살고 싶다. 삶이 아닌 것을 모두 떨치고 삶이 다했을 때 삶에 대해 후회하지 말라."

진짜 열정은 무조건 뜨거운 것이 아니라, 정확한 방향성과 목표를 가지고 남과 다른 삶의 방식을 과감하게 걸어갈 수 있는 용기를 포함한 행동이다. 헨리 데이빗 소로우는 그러한 삶을 살았다. 필자는 그에게서 열정의 또 다른 진면목을 느꼈다. 열정이란 모름지기 이와 같아야 하는 것 아닐까? 그는 열정 하나로 사회와 국가의 인습에 항거해온 진정한 열정가다.

"현상은 복잡하지만 본질은 단순하다."

철학자 아리스토텔레스의 이 말처럼 이 세상은 복잡하지 않다. 오히려 단순하다. 그리고 이러한 사실은 우리에게 남과 다른 관점과 남과 다른 통찰력을 가져다준다. 이를 가장 잘 설명한 책이 바로 『초이스』다.

이 책은 제약 이론을 최초로 소개하여 전 세계적으로 800만 부 이상 팔린 『더 골』이라는 책을 쓴 엘리 골드랫 박사가 더 충만하고 더 나은 삶을 살아가기 위한 지혜를 알려주는 내용이다. 이 책의 핵심은 한마디로 과학자들의 사고법을 토대로 명확한 사고를 통해 기회를 만들고, 실패를 극복하고, 복잡한 현실 문제의 본질을 꿰뚫어봄으로써 단순한 해결책을 발견하고, 의미 있는 성공을 거두어 충만하고 더 나은 삶을 살자는 것이다.

이 책의 저자가 제시하는 삶의 지혜와 기술의 핵심 포인트는 '명확한 사고법'이다. 명확한 사고가 우리의 삶을 좀 더 충만하게 만들어주고, 좀 더 나은 삶을 살아갈 수 있게 해준다는 것이다. 명확한 사고의 핵심은 내재적 단순함이라고 그는 말한다. 내재적 단순함은 모든 현대 과학의 근본이 되는 개념으로 뉴턴의 "자연은 극히 단순하고 또한 스스로 조화를 이룬다"라는 개념에서 나온 것이다.

이 세상이 복잡하다고 생각하는 사람은 현상만을 보는 특성이 있다. 위대한 철학자들과 과학자들은 모두 이 세상이 너무나 단순하다고 말한다. 우리가 너무도 복잡하다고 생각하는 이 세상과 자연의 모든 현상을 위대한 천재 과학자 아인슈타인은 '$E=mc^2$'이라는 단순 명쾌한 공식에 다 담아냈다. 그런 점에서 "단순한 것이 최고다"라는 말은 진리다. 3040대가 열정을 가져야 하는 이유 중 하나가 여기에 있다. 복잡한 인생의 산전수전, 공중전, 우주전까지 다 겪어본 3040대가 열정을 가지기 위해서는 단 한 가지의 조건이 필요하다. 그것은 바로 단순해져야 한다는 것이다.

단순해질수록 무엇인가에 뜨겁게 빠져들 수 있고, 몰두할 수 있고, 미칠 수 있고, 뜨거워질 수 있다. 복잡하고 많은 생각을 가진 번뇌 속에 있는 사람은 절대 열정적인 사람이 될 수 없다. 그러므로 우리가 열정을 가진다는 것은 곧 최고로 단순해진다는 것을 뜻한다. 그리고 최고로 단순해지면 이 세상의 본질이 무엇인지 꿰뚫어볼 수 있게 된다.

단순한 사람들이 세상의 돈과 명예, 정치적 권모술수, 권력, 인기를 그다지 좋아하지 않는 것은 그런 것들이 삶의 본질과 많이 동떨어져 있다는 사실을 알기 때문일 것이다. 즉, 이들은 인생의 본질이 무엇인지 잘 안다. 이것은 남과 다르게 생각하고, 남과 다른 관점을 가지고, 남과 다르게 이 세상을 바라볼 수 있는 최고로 단순한 사람들만의 특권이며 지혜다.

최고로 단순한 사람들은 무엇을 하든 최고로 뜨거운 열정을 뿜어내는 사람들이다. 최고로 뜨거운 3040대에 열정을 가진 사람들은 세상의 복잡한 돈과 명예와 권력과 인기에 연연하지 않는다. 그들은 모두 단순하기 때문이다. 이런 점에서 단순함은 최고의 경쟁력이라고 할 수 있다.

3040대가 인생의
황금시간대다

"삶이 아름다운 건 변화의 가능성이 있기 때문이다. 그대
가 인생의 황금시간대인 건 가장 큰 변화가 가능한 시기이기
때문이다."

이 말이 바로 3040대가 열정을 가져야 하는 최고의 이유다. 열
정을 가진 사람이 아름다운 이유는 그 본질 속에 삶이 아름다운
이유를 품고 있기 때문이다. 가장 극적인 변화가 가능한 시기는
3040대다.

당신의 삶이 절망적인 이유는 당신에게 꿈과 희망과 용기가
없어서가 아니다. 당신에게 헛된 욕망과 욕심, 집착, 걱정, 두려

움이 있기 때문이다. 열정을 가진 사람 앞에서는 이러한 것들이 살아남지 못한다. 열정은 순수하며, 욕망과 욕심과 집착을 넘어서는 것이기 때문이다. 열정을 가진 사람은 결코 쓸데없는 걱정을 하거나 두려워하지 않는다.

자신을 최고로 도약시킬 수 있는 일에 미치는 시기가 바로 열정이 충만한 3040대다. 3040대에 세상의 욕망과 욕심을 쫓으며 살아가는 것은 인생의 황금시간대를 헛되게 보내는 것이나 마찬가지다. 돈을 버는 데에만 급급해 인생의 황금시간대를 전부 소비해버린다면 평생의 가장 소중한 시간을 몇 푼 안 되는 돈과 바꾸어버리는 셈이 된다.

열정을 가진 자는 절대 돈을 쫓지 않는다. 특히 인생의 최고 시기인 3040대에는 더욱더 그렇다. 이런 사람들은 지금 당장은 돈을 벌지 못하고, 생활고에 시달리기도 하지만 열정이 있기 때문에 힘든 시기를 잘 극복해낼 뿐만 아니라 나이가 들수록 자신의 선택에 만족하게 된다. 평생 현역으로 살 수 있는 길을 찾고, 평생 부자가 될 수 있는 길을 선택했기 때문이다. 돈이나 명성은 열정을 가진 사람에게 저절로 따라오게 되어 있다. 다만 그것이 지금 당장 눈에 보이지 않을 뿐, 돈은 열정을 가진 자를 좋아한다.

인생에서 성공하지 못하는 이유는 큰일을 해내지 못했거나 많은 일을 해내지 못했기 때문이 아니다. '불필요한 일들', '소중하지 않은 일들'을 하는 데 인생의 황금시간대를 낭비하고 있기 때문이다. 이런 이유에서라도 3040대에는 열정을 가져야 하는 것이다. 열정을 가진 자는 자신을 뜨겁게 만드는 한 가지 일에만 미친다. 이것은 인생을 살아가는 데 있어 매우 중요한 전략이 아닐 수 없다. 고대의 철학자들도, 현대의 위대한 경영학자들도 이 사실을 발견했다.(227쪽 '고슴도치와 여우 전략' 참조)

인생의 황금시간대인 3040대에 열정을 가져야 하는 또 다른 이유를 칭기즈칸의 유명한 말에서 찾을 수 있다.

> "성을 쌓고 사는 자는 반드시 망할 것이며, 끊임없이 이동
> 하는 자만이 살아남을 것이다."

성을 쌓고 사는 자가 망하는 이유는 현재의 삶에 안주하기 때문이다. 반대로 끊임없이 이동하는 자가 살아남는 이유는 분명하다. 현재의 삶에 절대 안주하지 않기 때문이다. 열정을 가진 자는 현재의 삶에 안주하기가 오히려 힘이 든다. 가슴 뛰는 미래와 목표가 그를 내버려두지 않기 때문이다. 단 한 가지의 피 끓는 목표가 그로 하여금 끊임없이 도전하고 시도하고 이동하게 만든다. 바로 이런 자가 성공하고, 승리하고, 살아남는 것이다. 이 또한 인생의 가장 중요한 황금시간대인 3040대에 열정을 가져야만 하는 이유 중 하나다.

"결국 살아남는 종은 강인한 종도 아니고, 지적 능력이 뛰어난 종도 아니다. 종국에 살아남는 것은 변화에 가장 잘 대응하는 종이다."

다윈이 『진화론』에서 이 말을 한 후부터 수많은 사람들과 현인들, 경영자들, 리더들이 변화에 적응하는 종만이 살아남는다고 강조한다. 하지만 아무것도 배운 적 없지만 이 세상을 모두 정복할 만큼 인류 역사상 가장 넓은 영토를 정복했던 가난한 목동 출신의 칭기즈칸은 말한다. "변화에 적응하는 것을 넘어서 끊임없이 이동하는 자만이 살아남을 수 있다"고 말이다. 누구의 말이 옳은 것인지 선택은 독자들의 몫이다. 한 가지 분명한 사실은 뜨거운 열정을 가진 자는 변화에 적응하는 것만으로는 절대로 만족하지 못하며, 그것에 안주하지 않는다는 것이다.

적당히 잘 살고, 적당히 좋은 대우를 받는 것에 안주하지 않았던 스티브 잡스는 세상을 놀라게 할 혁신적인 제품을 만들고자 했고, 결국 위대한 혁신가로 남게 되었다. 그에게는 피 끓는 열정이 있었기에 적당히 잘 사는 것, 적당히 변화에 적응하는 것에 만족하지 못했던 것이다. 적당히 변화에 적응하고, 그래서 생존하게 되고, 생명을 연장하는 것만으로 만족하지 말라. 세상을 놀라게 할 정도로 피가 끓는 열정을 가진 자들이 이 세상을 이끌어나간다. 우리가 열정을 가져야 하는 이유도 바로 때문이다.

"우리는 이 세상의 어떤 위대한 것도 열정 없이
성취되지 않았다는 사실을 절대적으로 믿어도 된다."

– 독일의 철학자 헤겔 –

3040대에게 열정은 선택이 아닌 필수다

열정이 있어야 운도 따른다 ◐ 마음 가는 곳에 열정도 있다 ◐ 열정적인 사람이 더 오래 산다 ◐ 20대의 열정과 에너지를 기억하라 ◐ 열정이 위대한 사람, 위대한 인생을 만든다 ◐ 뜨거운 열정으로 자신의 한계에 도전하라 ◐ 안주하는 자신과 결별을 선언하라 ◐ 열정으로 삶에 새 생명을 불어넣어라 ◐ 열정의 크기와 온도가 인생을 결정한다 ◐ 이제 열정은 선택이 아닌 필수다

열정이 있어야
운도 따른다

18세기 영국의 역사가인 에드워드 기번은 로마 역사를 다룬 책 중에서 가장 조직적이고 계몽적이라는 평가를 받는 『로마 제국 흥망사』의 1~6권을 완성하는 네 3040대의 10년 이상을 오롯이 바친 인물이다. 그는 26세에 유럽여행을 하면서 로마 카피톨륨의 폐허를 보고 로마사의 집필을 구상했다. 하지만 역사적인 대작을 집필한다는 것이 그렇게 쉬운 일은 아니었다.

온갖 고생을 한 끝에 1권을 출간한 것은 그의 나이 마흔이 다 되었을 때였다. 그 후 그는 40대를 오롯이 이 책을 집필하는 데 열정을 바쳤다. 그리고 51세에 6권을 완성하게 되었다.

어렸을 때는 병약하여 스스로를 '어머니와 간호사에 둘러싸인 불쌍한 아이'라고 회고할 정도로 나약했던 그가 나폴레옹에게 제국의 야망을 갖게 해주고, 처칠이 자신의 '회고록'을 집필하는 데 큰 영향을 줄 정도로 경제와 정치, 문화에 큰 영향을 미치는 책을 26여 년간 집필하였다는 사실에서 그의 열정을 느낄수 있다.

한국을 대표하는 최고의 발레리나 강수진 씨는 현재 독일 슈투트가르트발레단의 수석 발레리나로 활동하고 있다. 그녀는 세상에서 가장 아름다운 발을 가진 발레리나로 유명하다. 매일 15시간씩 3~4켤레의 슈즈를 갈아 신으면서 발레 연습을 했기 때문에 그녀의 발은 보통사람의 발과 달리 보기 흉하다. 하지만 그녀의 보기 흉한 발은 곧 그녀의 열정을 대변한다.

그녀는 2000년 다리에 금이 가는 시련을 맞은 뒤 무려 5년 이상이나 통증을 견디며 춤을 추고, 연습을 했다. 급기야 의사에게 다시는 춤을 출 수 없을 것이라는 청천벽력과 같은 소리를 들었다. 하지만 그녀는 '발레에 대한 열정'으로 그 모든 장벽을 뚫고 세계 최고의 발레리나가 되었다.

인생을 살다 보면 뜻대로 되지 않을 때가 너무나 많다. 하지만 열정이 있는 사람에게는 그런 것이 크게 문제되지 않는다. 열정은 그 어떤 것도 넘어설 수 있고, 뚫을 수 있고, 돌파해낼 수 있는 가장 강력한 에너지이고 경쟁력이기 때문이다.

영국 고전경험론의 창시자 프랜시스 베이컨은 다음과 같은 말을 했다.

“누구도 해낸 적이 없는 성취란, 누구도 시도한 적이 없는 방법을 통해서만 가능하다.”

열정이 더 통하는 이유는 이 때문이다. 남다른 열정을 가진 자는 자신의 열정이 이끄는 대로 누구도 시도해본 적 없는 목표를 설정하고, 누구도 시도한 적 없는 방법으로 내달린다. 그렇게 내달릴 수 있는 추진력도 결국 열정이 있기 때문에 가능한 것이다. 이렇게 열정을 가진 자는 남다른 목표와 남다른 방법을 시도하기에 얻는 성취감도 남다를 수밖에 없다.

세상 사람들은 성공한 사람을 보고 운이 좋았다고 말한다. 하지만 운도 역시 열정을 가진 자에게 더 따른다는 것을 알아야 한다.

열정이 더 통하는 또 다른 이유를 『이노베이터의 10가지 얼굴』이란 책을 통해 발견할 수 있다.

“그들(이노베이터)은 행동 지향적이고 정력적이다. 이노베이터는 새로운 아이디어를 창조하고, 실험하고, 영감을 일으키며, 구축한다. 이노베이터는 언제나 구름 위에다 자신의 머리를 놓고 있는 사람은 아니다. 구름 위를 둥둥 떠다니는 사람은 더더욱 아니다. 그들은 대지 위에 발을 굳건히 내딛고 있다."

- 톰 켈리 외, 『이노베이터의 10가지 얼굴』 중에서

여기서 알 수 있듯이 실천하지 않는 비전은 그 자체로 비극이며 실패다. 결국 세상을 변화시키는 사람은 행동 지향적이고 정력적인 이노베이터인 것이다. 새로운 아이디어를 창조할 뿐만 아니라 과감하게 실험하고 구축하는 이노베이터에게 세상은 더 많은 기회를 주고, 운도 더 따르게 해준다는 것은 두말하면 잔소리다.

좋은 아이디어를 가지고 있고, 좋은 기회를 발견하는 것만으로는 이 세상을 움직일 수 없다. 열정을 품고 행동하고 실천할 때 진정 기회를 붙잡을 수 있고, 혁신도 할 수 있다. 그런 점에서 이 세상에는 열정을 가진 자가 필요하다.

위대한 예술가들의 공통점은 그들 모두 영감이나 아이디어가 떠오를 때까지 가만히 앉아 기다리지 않는다는 것이다. 영감이 떠오르지 않아도 묵묵히 도전하고 묵묵히 작업을 계속 한다. 비가 오든 눈이 오든 매일 작업을 한다. 그렇게 하다 보면 결국 언젠가 영감이 떠오르고, 놀라운 아이디어가 샘솟는다. 그들로 하여금 날마다 몰두하게 하는 힘이 바로 열정이다. 열정을 가진 자는 영감이 떠오르지 않아도 마음속의 북소리에 맞추어 한발 한

162

발 진군해나간다. 이렇게 진군해나갈 때 비로소 운이 더 따를 수
밖에 없다.

마음 가는 곳에
열정도 있다

인생의 산전수전을 다 겪은 3040대는 이것저것 고민이 깊어지는 나이다. 10대 청소년기가 아무것도 몰라서 그저 불안하고 답답하고 힘든 시기였다면 3040대의 고민과 사색은 인생의 쓴맛, 단맛을 다 보고 인생이 무엇인지 조금씩 알 것 같은 때 시작되는 제2의 사춘기와 같은 것이다. 따라서 그 깊이와 넓이는 한 차원 더 높다고 말할 수 있다.

10대 청소년기와 3040대의 고민과 사색에는 차이점이 많다. 그중 하나가 해결방법이다. 10대 청소년기에는 대부분 시간이 흘러가면 고민이 해결되었고, 해답은 외부에 있었다. 공부를 더 열심히 하여 성적이 올라가거나, 친구와의 관계가 회복되거나,

부모와의 관계와 신뢰가 회복되거나 하는 식이었다. 그때의 고민들은 작은 키, 우월하지 않은 외모, 학교 성적, 친구나 가족 관계, 학교에서의 인기, 이성 관계와 같은 외부적인 요소들에 많이 좌우된다. 하지만 인생의 풍파를 다 겪고 나서 맞이하는 3040대의 고민과 사색은 이와 다르다.

3040대에 자신의 작은 키나 외모 때문에 고민하는 사람은 없다. 생업이나 생계 때문에 고민하는 사람은 있다. 하지만 3040대에 하게 되는 고민은 대부분 자신이 가야 할 길, 자신만의 인생길에 대한 철학적인 고민이다.

과연 자신은 누구이며, 어떤 길을 가야 할지에 대해 세상이 조금씩 보이기 시작하는 3040대에 하는 고민이 진짜 고민이다. 이런 고민을 하는 사람들에게 정말 해주고 싶은 말은 인생의 지도와 고민의 해답은 자신의 내부에 있다는 것이다. 문제 역시 내부에서 비롯되었으므로 해결의 실마리도 내부에 있는 것이다.

세계적인 베스트셀러 『연금술사』의 작가 파엘로 코엘료는 자기 내면의 소리에 귀를 기울이라고 말한다. 그곳에 우리의 인생을 풍요롭게 해주는 보물들이 숨어 있기 때문이다.

"어째서 우리는 자신의 마음에 귀를 기울여야 하는 거죠?"
"그대의 마음이 가는 곳에 그대의 보물이 있기 때문이지."

3040대에 이제까지 걸어온 길이, 자신이 진정으로 원했던 길이 아니라는 것을 깨닫고 제2의 인생을 준비하는 사람들이 적지 않다. 바로 그때 우리가 해야 할 일은 자기 내면의 소리에 귀를 기울이는 것이다. 자신의 영혼이 말하는 소리에 귀를 기울이고, 용기 내어 그 길을 걸어가는 것이다. 이것이 우리가 해야 할 가장 중요한 일이다. 이 일을 거행하기 위해 요구되는 선결 조건은 돈이나 성공이 아니라는 점이 참으로 기쁜 소식일 것이다. 유일하게 필요한 선결 조건은 바로 열정이다.

무기력하고 무미건조하게 살아가는 사람들은 내면의 소리에 귀를 기울일 만한 에너지와 뜨거움이 없다. 그래서 고민도 하지 않고 그저 어제와 똑같은 상태로 평생 살아간다. 하지만 뜨거운 열정이 있는 사람들은 무기력하게 살지 않는다. 언제나 활력이 넘치고, 즐겁고 재미있게 살아간다. 그 결과 보다 나은 인생을 위해 갈망하고, 또 갈망한다. 그 과정에서 스스로 자신의 내면에서 들려오는 소리에 귀를 기울여 자신만의 길을 발견하고, 그 길을 용감하게 걸어간다.

2009년 11월 〈포춘〉은 '지난 10년간 최고의 CEO'를 선정하여 발표했다. 과연 누가 전 세계에서 10년 동안 최고의 자리를 차지하는 인물이 되었을까? 그 사람은 바로 애플의 창업자인 스티브 잡스였다. 무엇이 그로 하여금 10년 동안 최고의 CEO라는 명예를 안겨다주었던 것일까? 그것은 그가 자신의 꿈에 완전하게 미쳐 있었기 때문에 가능한 일이었다. 그는 나이 마흔에 죽음의 문턱까지 왔다 갔다 할 정도로 엄청난 경험을 하면서도 세상을 놀라게 하고, 우주에까지 영향을 미치는 것을 꿈꿀 만큼 단단히 미쳐 있었다.

스티브 잡스는 한마디로 열정의 화신이었다. 그를 사로잡은 열정은 그로 하여금 이 세상의 룰을 따르지 않고, 자기 내면의 소리에 따르도록 이끌어주었다. 자기 내면의 소리에 귀를 기울이게 된 스티브 잡스는 다음과 같은 말을 할 수밖에 없고, 이러한 것들을 추구하는 삶을 살 수밖에 없었던 것이다.

"다른 사람들의 생각에 얽매이지 마라. 타인의 소리가 내면의 진정한 목소리를 방해하지 못하게 하라. 가장 중요한 것은 심장과 직관이 이끄는 대로 살아갈 수 있는 용기를 가지는 것이다."

문제는 많은 사람들이 자기 내면의 목소리를 듣지 못한다는 것이다. 내면의 목소리는 열정을 가진 자만이 들을 수 있다. 그것이 바로 3040대가 열정을 가져야 하는 이유 중 하나다.

스티브 잡스에게 뜨거운 열정이 없었다면 그저 이 세상의 틀에 자신을 끼워 맞추면서 살았을 것이다. 그렇다면 그는 대학교를 중퇴하지도 않았을 것이고, 애플이란 회사도 창업하지 않았을 것이다. 또한 그에게 열정이 없었다면 세상을 놀라게 하고, 우주에 영향을 끼치는 그런 어마어마한 일들을 시도조차 하지 않았을 것이다. 그저 현실에 안주했을 것이고, 그저 평범한 삶을 살아갔을 것이다.

1997년 애플의 광고 문구(Think Different)는 그의 열정을 잘 보여준다.

"사회부적응자, 반항아, 말썽쟁이, 네모난 구멍 속에 쑤셔넣은 둥근 못 같은 사람들, 세상을 다르게 보는 사람들, 그들은 규칙을 좋아하지 않는다. 그리고 그들은 현재를 존중하지 않는다. 당신은 그들의 말을 인용하거나 당신은 그들의 말에 동의하지 않을 수도 있다. 당신은 그들을 찬양하거나 비난할 수 있다. 모든 것이 당신의 자유지만 단 한 가지 당신은 그들을 무시할 수가 없다. 왜냐하면 그들은 세상을 변화시켰기 때문이다.

그들은 인류를 앞으로 이끌어나간다. 어떤 사람들은 미치광이로 보겠지만, 우리들은 그들이 천재라고 생각한다. 왜냐하면 세상을 바꿀 수 있다고 생각할 만큼 미친 사람들이야말로 결국 세상을 바꾸는 사람들이기 때문이다."

열정적인 사람이
더 오래 산다

　나이를 먹고 늙는다는 것은 사실 육체적인 문제보다는 정신적인 문제에 더 큰 영향을 미친다. 특히 열정 없이 삶의 틀 속에서 벗어나지 못하고 노예와 같은 삶을 살아가는 사람의 경우에는 그 정도가 더 심각하다. 지금까지와 하나도 다를 바 없는 삶을 오늘도 살고, 내일도 살아가는 삶은 어떻게 보면 매우 평탄해 보인다. 하지만 그러한 삶이 노화가 가장 빠르게 일어난다는 점을 간과해서는 안 된다.

　20대에는 누구나 예외 없이 숱한 시행착오를 경험하며 성장하고 발전하고 큰 교훈도 얻는다. 그렇게 귀하게 얻은 시행착오와 교훈들을 제대로 활용할 수 있도록 해주는 것이 3040대의 열정이고, 도전이고, 에너지다. 구슬이 서 말이라도 꿰어야 보배이듯 3040대 전까지 힘겹게 경험한 세상의 이치와 경험을 제대로 활용하여 성공적인 인생의 후반전을 살기 위해서는 도전과 시도를 해야 하는데 이때 가장 필수적인 것이 열정이다.

열정이 있는 3040대는 그렇지 못한 사람들에 비해 훨씬 더 늦게 늙고 정신연령의 노화 역시 훨씬 더 늦게 찾아온다는 사실을 명심하자. 20대의 숱한 도전을 이겨내며 잘 살아온 3040대는 자신이 현재 누리고 있는 위치에서 만족하며 안주하려고 하는 경향이 있다. 새롭게 도전했다가 더 큰 실패를 하게 되면 지금까지 이루어놓은 것마저도 다 날아가 버릴 것 같은 두려움과, 이제는 한창 나이가 아니기 때문에 도전해도 더 이상 승산이 없을 것이라는 부정적이고 제한적인 마인드 때문에 주저하게 된다.

우리가 명심해야 할 사실은 3040대까지 이루어놓은 것으로 남은 30~50년을 버틸 수 있는 사람은 단 한 명도 없다는 것이다. 돈을 엄청나게 벌어서 앞으로의 50년을 버틸 수 있다고 해도 도전하지 않는, 열정이 없는 삶에 재미와 기쁨, 설렘, 흥분, 환희, 성취감, 성장과 발전 같은 것들은 존재할 수 없다. 이 땅의 수많은 재벌들과 부자들이 충분한 돈을 갖고 있음에도 새로운 도전과 모험을 하면서 인생을 즐기며 가슴 뛰는 삶을 사는 이유가 바로 여기에 있다.

재미있는 사실은 돈만 좇는 사람들은 돈도 못 벌고 시시한 인생을 살게 되지만 돈보다 자신이 좋아하는 일, 자신의 열정이 이끄는 삶의 길을 선택한 사람들은 대부분 그 어떤 대가보다 더 큰 즐거움과 기쁨을 누리는 동시에 돈도 많이 벌게 된다는 것이다. 열정을 가지고 살아가는 사람은 그렇지 못한 사람보다 더 활기차고 더 건강하게 오래 산다. 열정이 하나의 에너지이자 젊음이고, 활력이고, 건강이기 때문이다. 열정으로 사는 것 자체가 바로 건강하게 사는 방법이고, 활기차게 사는 방법이다.

인생이란 무엇으로 살아가느냐보다는 어떻게 살아가느냐에 따라 삶의 모습과 결과가 확연하게 달라진다. 세상과 인생 역시 인과법칙에서 자유로울 수 없기 때문이다. "심은 만큼 거두고, 심은 대로 거둔다"는 것이 세상의 이치다.

3040대에 열정을 가지고 활기차게 도전하며 살아가는 사람은 건강과 장수라는 나무의 씨앗을 심는 것과 같다. 반면 이 시기에 그 어떤 열정도 갖지 못하고, 하루 종일 탄식과 과거에 대한 후회만 늘어놓고 불평만 가득한 사람은 실패와 가난과 고통의 씨앗을 자신도 모르게 하나씩 심는 것과 다를 바 없다.

그런 점에서 인생 후반기의 성공과 실패, 가난과 부, 행복과 불행은 3040대의 오늘에 달려 있다. 오늘 운동을 하고 공부를 하고 독서를 하고 열정을 가지고 사는 사람은 눈부신 인생 후반기를 맞이하게 되고 당당하게 살아가게 된다. 하지만 오늘 불평을 하고 절망을 하고 무기력하고 공부도 하지 않고 운동도 하지 않

고 열정도 없이 틀에 박힌 삶을 사는 사람은 어둡고 춥고 배고
픈 인생의 후반기를 맞이하게 된다.

세상에 공짜는 절대 없다. 3040대에 어떻게 살았느냐에 따라
인생 후반기가 오롯이 결정된다. 인생 후반기에 어떤 모습을 하
고 있든 그 모든 것은 3040대에 어떤 선택을 하고 어떤 모습으
로 살았는지에 달려 있다. 3040대에 열정을 가지고 끊임없이 도
전하고 시도해야 하는 이유가 바로 여기에 있다.

열정이 있는 사람이 더 건강하고 더 오래 살 수 있는 이유 중
하나를 『동의보감』에서 찾아볼 수 있다.

"아픈 것은 통하지 않기 때문이요, 아프지 않은 것은 통하
기 때문이다."

열정이 있는 사람은 그 어떤 막힘도 뚫을 수 있다. 열정이 있
는 사람은 절대 불통의 상태를 용납하지 못한다. 열정이 있는 사
람은 사소한 것에 연연하지 않기 때문에 포용력이 강하다. 그래
서 통하지 않는 것보다 통하는 것이 더 많다. 그런 점에서 열정
이 있는 사람은 쉽게 아프지 않은 것이다.

또한 현대의학을 토대로 볼 때도 차갑고 냉정한 사람보다는
뜨거운 열정을 가진 사람이 더 건강하다고 한다. 체온이 1도 상
승하면 면역력이 5~6배 높아진다. 그런데 뜨거운 열정을 가진

사람은 실제로도 체온이 높다. 그것은 그만큼 많은 활동을 하기 때문이다. 열정이 우리의 체온을 높여주며, 긍정적으로 살아갈 수 있게 해준다.

일본의 장수연구가 이시하라 유미는 『하루 세 끼가 내 몸을 망친다』라는 책에서 이러한 사실을 증명하고 있다. 인간이나 동물은 병에 걸리거나 상당히 피곤할 때 반드시 발열과 식욕부진의 증상이 나타나는데, 이는 면역력을 높여 스스로 병을 물리치려는 우리 몸의 자연스러운 메커니즘이라고 한다. 몸이 안 좋을 때 아무것도 먹지 않고 체온을 상승시키는 것은 몸이 지닌 자연치유력을 최고로 강화시키는 행위인 것이다. 즉, 몸에 열이 나게 하는 것은 면역력을 최대로 강화시키는 행위다. 이런 점에서 볼 때 언제나 뜨거운 열정을 가지고 엄청난 활동을 하는 사람은 당연히 체온이 높다. 그 결과 면역력이 높아지고, 병에도 잘 안 걸리게 되는 것이다.

20대의 열정과
에너지를 기억하라

우리는 지금까지 재산이나 지위를 통해 그 사람의 성공과 실패를 가늠해왔다. 하지만 재산이나 지위는 인간의 행복이나 진정한 성공과 거리가 멀 수도 있다고 주장하는 학자들이 점점 늘어나고 있다.

『텅 빈 레인코트』의 저자 찰스 핸디는 경제적인 발전으로 인해 개인의 삶은 과거 그 어느 때보다 더 풍요로워졌지만 그 이면을 들여다보면 개개인이 느끼는 고립과 상실감은 더욱 커지고 있다고 말한다. 그의 말대로라면 고립과 상실감을 크게 느끼며 사는 삶을 진정 행복하고 성공적인 삶이라고 말할 수는 없다.

최소한 행복하고 성공적인 삶은 균형 잡힌 삶이어야 한다. 일과 놀이, 직장과 가정, 몸과 마음, 가치와 재미, 공과 사가 모두 균형 잡혀야 그것이 행복한 삶이 될 수 있고, 성공적인 삶이 될 수 있다. 자신이 좋아하는 일을 즐겁게 하는 사람이 행복한 삶을 살아갈 수 있고, 성공적인 삶을 살아갈 수 있는 이유가 여기에 있다. 직장에만 하루 종일 매여 있는 사람은 행복하다고 할 수 없다. 가정을 등한시하기 때문이다.

직장과 가정을 모두 소중히 여기고, 삶의 가치와 재미가 적절하게 균형 잡힌 삶은 정말로 행복하고, 성공적인 삶이라고 할 수 있다. 이렇게 균형 잡힌 삶을 살아가는 3040대는 인생의 온갖 풍파와 산전수전을 다 겪었음에도 불구하고 여전히 20대의 유연한 발상과 청춘과 열정을 가지고 있다. 3040대에도 20대의 에너지와 가슴 뛰는 꿈과 비전을 품고 살아가는 사람이야말로 진정 행복한 사람이고, 진정 성공한 사람이다.

열정이 없는 3040대는 아무리 돈이 많아도, 아무리 지위가 높아도 인간적인 매력을 느낄 수 없다. 무엇보다 이런 사람들은 삶에 찌들어 있다. 그래서 항상 피곤하고, 항상 지쳐 있다. 삶의 활력도 없다. 사고에 유연성이 없고 세상의 고정관념에 단단하게 붙잡혀 고정된 사고의 틀 속에 갇혀 살고 있다. 삶에 그 어떤 재미와 즐거움도 없다. 고작 한다는 것이 술과 담배와 밤거리의 유흥뿐이다.

3040대의 언덕을 오르고 있는 사람들은 한 번쯤 이런 생각을 해봤을 것이다.

　"나는 지금 어디로 가고 있는 것일까? 정말 이대로 살아가
도 괜찮은 것일까?"

　3040대에 마음 한 구석에서 이러한 의문을 갖고 있지 않은 사
람은 없을 것이다. 3040대는 인생의 짐이란 짐은 모조리 짊어진
채 혼자 생의 고갯길을 뚜벅뚜벅 걸어가는 가련한 존재일지도
모른다. 하지만 다른 시각에서 보면 인생의 짐을 모두 내려놓고
자신만을 위해 살아갈 수 있는 최고의 시기이기도 하다. 뿐만 아
니라 3040대는 인생의 후반기를 결정짓는 시기라는 점에서 가
장 중요한 시기다. 그래서 위기와 기회가 교차하는 시기이기도
하다. 이 시기에 어떤 사람은 고민만 하고 그 어떤 행동도 하지
않는다. 반대로 어떤 사람은 고민만 하기보다는 열정을 갖고 뚜
벅뚜벅 새로운 길을 걸어간다.
　새로운 꿈과 비전을 가슴에 품고, 눈부신 삶을 향해 질주하는
3040대의 삶은 행복하다. 삶을 뜨겁게 즐기면서 자신의 꿈을
세상에 빼앗기지 않고 사는 인생이 최고의 인생이다. 3040대에
열정을 가지고 살아가면서 눈부신 미래를 향해 질주할 수 있다
면 행복한 인생이고 성공적인 인생이라고 필자는 감히 말할 수
있다.

3040대에 아무런 도전도 하지 않고 지금까지 살아왔던 대로 고정관념의 틀 속에서 살아가는 사람들은 그 어떤 노력이나 궁리도 하지 않는다. 그렇기 때문에 두뇌는 활동을 멈추게 된다. 두뇌가 노동력을 상실하면 육체적 활동과는 상관없이 정신연령의 노화가 빨리 찾아온다. 그 결과 행복하고 성공적인 삶과는 거리가 멀어진다.

아무런 도전도 하지 않는, 열정이 없는 3040대는 인생의 온갖 풍파와 시련에 부딪혀서 지칠 대로 지쳐버린 퇴물이 되어버렸다고 과언이 아니다. 이렇게 그 어떤 꿈과 비전도 다 빼앗겨버리고 상실해버려 퇴물이 된 사람의 삶이 행복하다고 할 수 있을까? 성공적인 삶을 살아가고 있다고 말할 수 있을까?

20대에 아무리 큰 성공을 거둔 사람이라도 3040대에 성장하지 않고 늙어간다면 그 인생은 오롯이 성공한 인생이라고 말할 수 없다. 성장과 발전이 있고, 성취와 목표가 있을 때 우리는 행복한 삶을 살 수 있고, 바로 그러한 삶이 성공적인 삶이다.

가장 불행한 삶은 3040대의 나이에 벌써 노년의 감옥에 갇혀 지내면서 평생 죽을 날만 기다리는 삶이다. 이러한 3040대는 행복과 성공은 고사하고 하루하루가 너무나 재미없고 지루한 삶의 연속이 될 것이다. 이것은 누구의 탓도 아니다. 창살 없는 정신의 감옥을 만들어놓는 것은 자기 자신이기 때문이다. 더 정확하게 말하면 열정을 이 세상에 빼앗겨버린 사람이라고 할 수 있다.

프랑스의 작가 앙드레 모로는 "인간에게 가장 무서운 것은 정신의 감옥에 갇혀 지내는 것"이라고 말했다. 3040대에게 가장 무서운 것이야말로 정신의 한계에 <u>스스로</u>를 가두고, 평생 팔순 노인처럼 꿈도 열정도 없이 살아가는 것이다.

3040대에 열정을 가지고 살아가는 사람은 20대에 얻은 귀한 경험과 교훈을 100% 활용하여 성공적인 인생을 개척해가고 만들어나가는 사람이다. 하지만 정신의 감옥에 갇혀 지내는 사람들에게는 힘들게 얻은 경험과 삶의 교훈들도 모두 무용지물이 된다. 그렇기 때문에 열정도, 꿈도 없는 3040대는 이 세상에서 가장 불행한 사람이요, 실패한 인생이라고 말할 수 있는 것이다.

열정이 위대한 사람, 위대한 인생을 만든다

20세기 첼로의 거장이라고 불리는 파블로 카잘스는 교회 오르가니스트였던 아버지의 영향으로 어린 시절부터 음악을 접하게 되었다. 그리고 11세에 바르셀로나 음악원에 입학하여 첼로를 배우기 시작했다.

그는 현대의 첼로 연주법을 완성시켰고, 현대의 연주계에서 첼로가 차지하는 지위를 한 단계 올려놓은 인물이다. 바흐의 〈무반주 첼로 모음곡〉의 아버지로 불렸던 그는 첼로계에서 거장 중의 거장이었다. 그가 이토록 위대한 인생을 살아갈 수 있었던 비결은 무엇이었을까? 그것은 그가 가진 남다른 열정 때문이다. 그가 얼마나 열정으로 가득 찬 삶을 살았는지 알 수 있는 이야기가 있다.

95세의 나이에도 열정이 가득했던 그는 하루에 여섯 시간 이상씩 연습하고 또 연습했다. 그의 열정은 너무나 위대했기 때문에 90 평생 가까이 하루도 손에서 첼로를 놓지 않았다고 한다. 95세의 나이에도 첼로 연습에 한창이던 그에게 한 기자가 다음과 같은 질문을 했다.

"선생님께서는 역사상 가장 위대한 첼리스트로 손꼽히시는 분입니다. 그런 선생님께서 아직도 하루에 6시간씩 연습을 하시는 이유가 무엇입니까?"

카잘스는 잠시 연습을 멈추고 이렇게 대답했다.

"왜냐하면 지금도 조금씩 제 연주 실력이 향상되고 있다는 것을 느끼기 때문입니다."

그는 96세의 나이로 죽는 그날까지 평생 매일같이 첼로 연습을 했던, 열정에 가득 찬 삶을 보낸 거장이었다. 만약 열정이 없었다면 그는 평범한 첼리스트에 불과했을지도 모를 일이다.

열정이 없는 사람이 위대한 인생을 살았던 적은 인류 역사상단 한 번도 없었다고 감히 말할 수 있다. 열정은 자동차를 앞으로 나아가게 하는 연료와 같은 것이고, 위대한 인생을 개척해 나가게 해주는 삶의 추진력과 같은 것이기 때문이다.

우리는 단순히 빌 게이츠가 천재이기 때문에 큰 성공을 거두었을 것이라고 생각하기 쉽지만, 그로 하여금 성공의 길로 이끌어준 것은 재능이 아니라 열정이었다.

"열정이 없었다면 어떤 성공도 이룰 수 없었을 것이다."

열정은 하나의 경쟁력인 동시에 가장 강력한 추진력이다. 열정이 있었기에 위대한 삶을 살 수 있었던 또 한 명의 인물로 공자가 있다. 공자는 살아생전 부자도 되지 못했고 그렇다고 높은 벼슬을 하지도 못했다. 그는 14년 동안 여러 나라를 돌아다니며 유세를 했지만 어디에서도 등용되지 못했다. 그를 비난하고 그의 등용을 반대하는 자들이 있었기 때문이다.

공자는 세상으로부터 인정받지 못하는 사람이었다. 적어도 그 당시에는 말이다. 심지어 진나라와 채나라 사이를 이리저리 떠돌아다니던 공자를 보고 '상갓집 개'라고 모욕하는 사람도 있었다. 하지만 그는 조금도 위축되거나 움츠러들지 않았다. 그에게는 열정이 있었기 때문이다. 학문과 도의 전파, 교육에 대한 그의 열정은 죽음과 모욕, 비난, 가난, 궁핍을 모두 뛰어넘고 극복해내고도 남을 만한 것이었다.

그는 40여 년 동안 세상을 떠돌아다녔다. 늙고 지쳤지만 그에게는 열정이 있었기에 죽는 그 순간까지 쉬지 않고 세상에 도를 전했고, 공부를 포기하지 않았다. 그러한 열정이 결국에는 수천 년 동안 전 세계인들의 존경을 받게 만들었던 것이다.

공자에게 열정이 없었다면 평생 공부를 하지도 못했을 것이고, 중간에 포기했을지도 모를 일이다. 공자가 시공간을 뛰어넘어 후대의 사람들에게까지 큰 영향력을 끼치고, 존경을 받는 것은 순전히 그의 열정 때문이라고 볼 수 있다.

『PING: 핑! 열망하고, 움켜잡고, 유영하라!』라는 책을 보면 이런 글이 나온다.

"가슴 뛰는 삶, 남들과 다른 삶을 살고자 하는 이라면 누구에게나 두 가지 자질이 필요합니다.

첫째는 주어진 대로, 운명대로 사는 삶이 아니라 내가 추구할 수 있는 가장 '최상의 삶(best life)'을 살고자 하는 '강렬한 욕망'입니다. 그것이 없이는 아무것도 시작되지 않지요. 두 번째로 필요한 자질은 바로 그 열망대로 매일매일을 살아갈 수 있도록 지탱해주는 힘, 즉 '결단력'과 '자발적인 의지'입니다."

- 스튜어트 에이버리 골드, 『PING: 핑! 열망하고, 움켜잡고, 유영하라!』 중에서

가슴 뛰는 삶, 남들과 다른 삶, 즉 위대한 삶을 살고자 한다면 반드시 최고의 삶을 살고자 하는 강렬한 욕망과 그것을 매일매일 실천해나갈 수 있는 결단력과 자발적인 의지가 필요하다고 이 책의 저자는 조언한다. 지금 현재 위대한 삶을 살아가지 못한다면 이 두 가지 자질이 없기 때문이라고 생각해도 무방하다. 왜냐하면 이 두 가지 자질을 가지고 있는 사람의 사는 모습과 자세, 열의, 태도는 남다를 수밖에 없기 때문이다. 바로 이런 점에서 열정이 있는 사람이 위대한 삶을 살아가게 되는 것은 당연한 것이다.

뜨거운 열정으로
자신의 한계에 도전하라

우리가 사는 세상을 보다 더 나은 곳으로 만들고 좀 더 살 만한 곳으로 만들어가는 사람들을 살펴보면 모두 치열한 경쟁에서 승리한 사람들이 아니라 자기 자신과의 싸움에서 승리한 사람들이라는 것을 알 수 있다. 3040대가 되면 가장 큰 상대가 타인이 아닌 바로 자기 자신이라는 사실에 수긍하게 된다. 가장 위대한 일은 위대한 업적을 성취하는 것이 아니라 자기 자신을 넘어서는 것이다. 자신을 억누르고 끝없이 제한하고 속박했던 두려움과 편협함, 부정적인 마인드, 무기력함과의 싸움에서 이겨낼 때 비로소 비상할 수 있고 세상을 이끌 수 있다.

자신을 넘어선 한 사람 한 사람이 모여 이 세상을 보다 더 살기 좋은 곳으로, 그래도 살 만한 곳으로 만들어가는 것이다. 빠르게 변해가는 이 세상에서 주인공으로 당당하게 살기 위해 3040대에게 필요한 것은 이 세상을 넘어서는 것이 아니라 자기 자신을 넘어서는 것이다. 이를 위해 가장 필요한 것은 우리의 가슴과 영혼을 뜨겁게 만들 수 있는 열정이다.

지금의 나를 최고의 나로 바꿔주는 지혜를 담은 책들이 많이 있다. 그런 책들을 통해 우리는 한 번 더 자신을 넘어설 수 있는 열정을 얻게 된다. 그리고 그런 책들을 읽다 보면 자신도 모르게 가슴이 뜨거워지고 열정이 솟아나는 것을 느낄 수 있다. 바로 다음 글처럼 말이다.

"훌륭한 도자기가 아닌 그저 그런 질그릇을 만드는 데 필요한 가마의 온도는 800도입니다. 가마 없이 노천에서도 충분히 만들 수 있지요. 하지만 베스트 도사기를 만드는 최적의 온도는 1250도 이상입니다. 그렇게 뜨거워지면 흙의 밀도는 놀랄 만큼 높아지고 단단해지며, 흙속에 있던 유리질들이 녹아 밖으로 흘러나오게 됩니다. 이렇게 해서 흙은 '최고의 나'로 바뀌어 세상에 나오는 것입니다.

우리 역시 마찬가지입니다. 우리의 가슴과 영혼이 뜨거워지면 내면 깊숙한 곳에 간직하고 있던 최상의 것들이 비로소 밖으로 분출되는 것입니다. 다른 사람들이 좋다고 하는 것들을 따라 할 때는 잠시 불꽃이 번쩍하고는 이내 사그라집니다. 하지만 내 영혼과 가슴이 원하는 일이라면 시간이 갈수록, 어려움을 만날수록 그 불길은 더욱 거세지고 활활 타오릅니다. '이것이다'라는 가슴의 소리를 들었다면 도전해보세요.

그것이 나를 베스트로 만들어줄 것입니다."

- 김범진, 『1250℃ 최고의 나를 만나라』 중에서

우리의 가슴과 영혼이 열정으로 뜨거워질 때 비로소 내면 깊숙한 곳에서부터 최상의 것들이 밖으로 분출되어 최고의 나를 만나듯, 열정으로 살아갈 때 최고의 세상을 만들고 이끌 수 있다. 따지고 보면 열정만큼 자기 자신을 넘어설 수 있게 해주는 것도 없다. 이러한 사실은 우리에게 열정이 가장 중요한 성공의 조건이라는 것을 말해준다.

자신을 뛰어넘는 진정한 방법은 불타오르는 열정 속에서 발견해낼 수 있다. 가장 뜨거운 불 속에서 가장 순도 높은 보배가 탄생하기 때문이다. 우리의 인생도 이와 다르지 않다. 가장 뜨거운 열정을 가진 자가 가장 순도 높은 보석으로 자신을 성장시키고 발전시킬 수 있다.

뜨거운 열정 없이 자신을 넘어설 수 있는 자는 이 세상에 존재하지 않는다. 아무리 많은 지식을 쌓고, 아무리 많은 돈을 번다고 해도 그것만으로 자신을 넘어설 수는 없다. 아무리 많은 권력을 가진다 해도, 아무리 많은 인기를 얻는다 해도, 심지어 세상을 다 가진다 해도 그것이 곧 자신을 넘어서는 필요충분조건이라고 장담할 수 없다.

피를 끓게 하고 가슴을 뛰게 하는 열정을 가진 자야말로 세상을 이겨내고 자신을 넘어설 수 있다. 열정은 이 세상에 존재하는 그 어떤 것보다 더 강력한 힘을 가지고 있다. 이 세상의 모든 꿈과 모든 문명, 모든 발명, 모든 역사, 모든 성취는 바로 열정에서 오롯이 비롯되었다고 볼 수 있다. 철학자 헤겔은 이러한 사실에 대해 다음과 같이 말했다.

“우리는 세계의 어떤 것들도 열정 없이 이루어진 것은 없다고 단언할 수 있다.”

그의 말은 진리다. 이 세상의 그 무엇도 열정 없이 이루어진 것은 없다. 자기 자신을 넘어서는 것도 역시 마찬가지다. 열정이 없다면 이 세상의 그 누구도 자신을 뛰어넘어 위인이 되지 못할 것이다. 열정은 한마디로 추진력이며 원동력이기 때문이다.

열정은 운명을 이긴다. 열정은 그 어떤 시련도 녹인다. 열정은 그 어떤 난관도 극복하게 해준다. 열정은 무모하게 보이는 것조차도 도전할 수 있게 해준다. 열정은 결과에 연연하지 않고 과정

을 즐기게 해준다. 그 결과 열정은 도저히 할 수 없을 것 같던 일
조차 해낼 수 있게 해준다. 이것이 바로 열정이 기적을 낳는 메
커니즘인 동시에 자신의 한계를 넘어서게 해주는 이유다.

안주하는 자신과
결별을 선언하라

"내 안에는 사그라지지 않는 갈망이 있다."

영국이 낳은 위대한 대문호 셰익스피어의 말이다. 그로 하여금 위대한 대문호가 될 수 있게 이끌어준 것은 사그라지지 않는 갈망, 즉 열정이었다. 영어로 된 작품 중에서 최고의 작품이라고 평가 받는 작품과 함께, 세계 최고의 시인 겸 극작가로 평가 받고 있는 그는 4대 비극이라고 불리는 네 개의 작품 중 『리어왕』, 『오셀로』, 『맥베스』를 40대 초반에 집필했고, 『햄릿』 역시 40대가 되기 직전에 집필했다.

사실 그 당시에는 지금처럼 세계 최고의 극작가로 인정을 받지 못했다. 그 당시 영국에서는 셰익스피어보다 더 높이 평가 받고, 더 많은 인기를 누리던 작가들이 있었다. 그리고 그 당시 평균 수명을 감안해볼 때 셰익스피어가 적당히 안주하는 삶을 살았다면 그의 나이 3040대에 세상에 나온 4대 비극을 우리는 만나지 못했을 수도 있다.

더욱더 중요한 사실은 대문호 셰익스피어 역시 그가 평생 지은 154편의 시 중에서 겨우 한두 편만을 제외하고 나머지는 모두 형편없는 졸작이라는 것이다. 지금은 세계적으로 유명한 셰익스피어 역시 생존 당시에는 별로 크게 성공하지 못한 작가에 불과했다는 사실로 볼 때 그가 얼마나 큰 갈망을 가지고 창작에 열정을 쏟아부었는지 알 수 있다.

안주하는 삶과 결별하는 것은 성공적인 삶의 길로 가는 데 있어서 가장 중요하다. 하지만 열정이 없는 사람에게는 안주하는 삶과 결별한다는 것 자체가 매우 힘들고 어려운 일이다.

어느 누가 성공적이고 위대한 삶을 마다하겠는가? 어느 누가 안주하는 삶을 좋아하겠는가? 하지만 우리는 알게 모르게 안주하는 삶을 선택하고 있다. 말로는 성공하고 싶다고 말하면서 안주하는 삶을 살고 있는 것이다.

아침에는 출근 시간 직전에 일어나 허둥지둥 아침밥도 제대로 못 먹고 출근하고, 저녁에는 집에 들어오자마자 리모컨을 찾고 텔레비전 앞에서 귀한 시간을 낭비한다. 그리고 주말이 되면 잠

다한 일들로 귀한 시간을 낭비한다. 말로는 인생의 주인이 되고 싶다고 하면서 실제로는 인생의 노예로 살아가며, 인생에 휩쓸려 나무토막처럼 이리저리 떠다니며 살아가고 있는 것이다. 이러한 삶의 가장 큰 근본 원인은 위기의식이 없다는 것이다. 위기가 눈앞에 보여야만 상황을 인식한다면 그때는 이미 늦다. 위기의 낌새가 보이지 않아도 위기의식을 가질 수 있는 선견지명의 지혜를 터득해야 한다.

위기를 남들보다 먼저 느끼는 사람은 안주하는 삶에서 과감하게 벗어나 질주하는 삶을 선택하고, 행동으로 보여준다. 그 과정에서 반드시 필요한 것은 행동으로 실천할 때 연료가 되어주는 에너지, 즉 열정이다. 열정의 중심에 설 때 비로소 안주하는 삶에서 과감히 뛰어내릴 수 있다. 진리는 항상 평범하다. 평범한 일상 속에서 삶에 안주하지 않고 자신을 열정의 중심에 세워 '일신 우일신(一日新 又日新)'할 수 있는 사람만이 평범한 삶에서 비범한 삶으로 탈바꿈하게 된다.

한 번밖에 주어지지 않는 인생에서 일상 속에 함몰되어 안주하는 삶을 사는 사람에게 절호의 기회란 평생 오지 않는다. 절호의 기회란 안주하는 삶에서 벗어나 열정적으로 질주하는 삶을 살아가는 사람에게만 찾아오는 것이다.

재미있는 사실은 질주하는 삶을 살 때 뜻밖의 기회들이 더 자주 찾아온다는 것이다. 그렇기 때문에 질주하는 삶을 사는 사람들에게는 실패를 즐길 수 있을 만큼 기회가 수도 없이 찾아온다. 실패를 했다는 것은 그만큼 자신이 질주하는 삶을 살고 있다는 또 하나의 증거다.

"작은 차이가 명품을 만들 듯 일상 속에서 날마다 안주하지 않고 질주하는 삶 속에서 위대한 성공이 만들어진다."

3040대에 날마다 질주하는 삶을 살아간다면 분명 위대한 인생의 후반기를 맞이하게 될 것이다. 위대한 인생의 후반기, 눈부신 인생의 후반기는 운이 좋아 저절로 주어지는 것이 아니라 자기 스스로 만들어나가는 것이다. 눈부시고 가슴 설레는 인생의 후반기를 살고자 한다면 지금 당장 안주하는 삶에서 뛰어내려 자신이 질주할 수 있는 일을 찾고 그 일에 매진해야 한다.

1934년에 집필을 시작해서 완성하기까지 무려 28년이나 걸린 『역사의 연구』는 영국의 역사학자 아널드 J. 토인비의 대표작이다. 그는 이 책을 통해 26개의 다양한 문명이 각각 어떻게 성장하고 발전하고 쇠망하는지를 조망하고 거기서 공통점을 추출해냈다. 그가 내린 결론은 놀랍게도 문명이 편안한 삶을 보장하고 안주할 수 있게 해주는 곳에서 발생하는 것이 아니라, 거세고 강한 도전이 쉬지 않고 찾아드는 척박한 곳에서 꽃피고 발전한다는 것이었다. 이는 한마디로 '도전과 응전'의 역사관으로 정리된다.

살기 좋은 환경의 양쯔 강에서 문명이 발흥하는 것은 누가 봐도 자연스러운 일이다. 하지만 정작 문명이 꽃피고 발흥한 곳은 척박하고 끊임없이 홍수가 범람하는 거친 황하 유역이었다. 우리의 삶도 이와 마찬가지다. 자신의 삶에 안주하는 순간 더 이상 발전도 없고, 미래도 없다. 위대한 성공을 거둔 사람들이 모두 날마다 자신을 벼랑 위에 세운 이유가 여기에 있다. 날마다 자신에게 도전하고 응전하는 치열한 삶을 살았기 때문에 날마다 성장하고 발전해나갈 수 있었던 것이다. 사실 이러한 차이는 쉽게 나타나지 않는다. 하지만 5년이 지나고 10년이 지난 후에 그의 삶을 들여다보면 안주하는 삶을 살아왔는지, 자신을 날마다 벼랑 위에 세우면서 도전과 응전의 삶을 살아왔는지를 알 수 있다.

문제는 이러한 사실을 이론으로는 알지만 실행을 하지 못한다는 것이다. 게으르고 나약한 마음 때문에 자꾸만 안주하는 삶을 찾아가게 된다. 이러한 삶에서 벗어나 안주하려는 자신과 결별할 수 있게 해주는 것은 아무리 찾아봐도 열정밖에 없다. 돈이나 명예, 권력이 약간의 동인이 될 수는 있지만 그 효과가 오래가지는 못한다. 오래도록 도전하고 응전할 수 있게 해주는 것은 피를 끓게 해줄 열정뿐이다.

열정으로 삶에
새 생명을 불어넣어라

인생의 절정기인 3040대에 당신은 무엇에 미칠 것인가?

헨리 포드는 자동차에 미쳐 있었다. 발명왕 에디슨은 전기에 미쳐 있었다. 아인슈타인은 과학에 미쳐 있었다. 김연아는 스케이트에 미쳐 있었다. 박지성은 축구에 미쳐 있었다. 파브르는 곤충에 미쳐 있었다. 오프라 윈프리는 방송에 미쳐 있었다. 빌 게이츠는 컴퓨터에 미쳐 있었다. 모차르트는 음악에 미쳐 있었다. 스티브 잡스는 혁신에 미쳐 있었다. 김병만은 달인에 미쳐 있었다. 앤드류 카네기는 철강에 미쳐 있었다. 나폴레온 힐은 성공에 미쳐 있었다. 퀴리 부인은 화학에 미쳐 있었다. 잔 다르크는 자신의 조국 프랑스에 미쳐 있었다. 이병철과 정주영은 기업에 미쳐 있었다. 리처드 브랜슨은 재미에 미쳐 있었다. 발레리나 강수진은 발레에 미쳐 있었다.

3040대라면 인생의 절정기를 맞이한 지금 무엇에 미쳐 있는지 점검해보아야 한다. 가장 최악은 그 어떤 것에도 미쳐 있지 않은 것이다. 무엇인가에 미쳐야만 그것을 실현할 가능성이 높아진다. 그렇지 않으면 무엇인가를 성취하고 이룰 수 있는 가장 좋은 기회와 조건을 스스로 박탈해버리고 인생의 전성기를 낭비하게 된다.

무엇인가에 미쳐라. 그래야 이룰 수 있다. 무엇인가를 진정으로 꿈꾸지 않는, 열정이 없는 3040대는 살아 있어도 살아 있는 게 아니다. 그저 생물학적으로 생명이 붙어 있는 삶에 불과하다. "나는 '열정'이 없는 3040대를 보내고 있다"고 말하는 사람이 있다면 그 순간 삶은 멈추어버리는 것이다. 그저 생존을 유지하기 위한 현상 유지와 언젠가 다가올 생의 마지막 순간을 기다리고 있는 것과 다를 바 없다.

단테의 『신곡』에 등장하는 지옥의 문에는 "나를 거쳐서 여기 들어오는 너희는 모든 희망을 영원히 버려라"라는 문장이 쓰여 있다. 이 말처럼 3040대에게 열정이 없는 것보다 더 희망적이지 않은 일이 또 있을까? 이와 반대로 꿈을 향한 열정이 있는 3040대는 산도 옮길 수 있고, 돌도 인간으로 만들 수 있을 만큼 강력한 에너지를 뿜게 된다. 마치 고대 그리스의 피그말리온이라는 석

공처럼 말이다.

대리석으로 만든 여인상에 미쳐 있던 그는 매일 여인상과 말을 하며 옷을 입혀주고, 아침저녁으로 사랑을 속삭였다. 그의 열정은 결국 여인상을 아름다운 여인으로 바꾸어놓았다. 3040대 이전까지 대리석 여인상과 같은 삶을 살았다면, 이제는 열정을 통해 대리석과 같은 우리의 인생을 눈부시게 아름다운 여인과 같은 가슴 설레는 삶으로 바꾸어놓아야 한다.

우리가 열정에 미쳐야 하는 이유는 참된 삶을 살기 위해서다. 벤저민 프랭클린은 이런 말을 했다.

> "어떤 사람들은 25세에 이미 죽어버리는데 장례식은 75세에 치른다."

어쩌면 우리 역시 이미 죽어버린 삶을 살아가고 있는지도 모른다. 하지만 열정을 다시 회복한다면 우리는 다시 일어날 수 있다. 육체적으로는 죽은 것과 다름없지만 누구보다 뜨겁게 인생을 살다 간 사람들도 적지 않다. 이런 사람들 중 한 명이 존 밀턴이다.

그는 런던의 부유한 공증인의 아들로 태어나 케임브리지 대학에서 공부를 했고, 활발한 창작활동과 함께 언론과 정치의 자유를 위해서 펜을 잡았다. 그리고 2030대에 불꽃같은 시간을 보냈다. 하지만 과로로 인해 마흔두 살의 나이에 두 눈의 시력을 완전히 잃고 말았다. 설상가상으로 공화제가 붕괴되고 왕정복고(혁명이나 기타 사정으로 폐지되었던, 왕이 다스리는 정치로 다시 돌아가는 일)가 되어 처형만은 면했지만 세상에서 버림받을 수밖에 없었고, 재산도 모두 잃게 되었다. 한마디로 사회적으로 죽음을 맞이한 것이나 다름없었다. 그런 그를 셰익스피어에 버금가는 대시인으로 거듭나게 해준 3대 작품은 모두 그가 실명한 이후에 고난 속에서 집필한 작품들이었다. 그는 절망의 순간에도 열정을 잃지 않았고 그 결과 영국 르네상스의 마지막을 화려하게 장식한 사람이 되었다.

신체 나이는 마흔인데 꿈을 향한 열정의 나이가 팔순을 넘긴 사람의 인생 후반기는 어떤 모습일까? 가슴 설레는 꿈도 없이, 무엇인가를 향해 무섭게 질주하며 미치는 열정도 없는 삶은 무엇보다도 재미가 없고, 무미건조하고, 지루한 삶이 될 것이다. 반대로 가슴 설레는 꿈을 꾸고, 무엇인가를 향해 무섭게 질주하며 미치는 삶은 우리의 삶을 보다 더 활기차게 만들어주고, 보다 더 재미있고 즐겁고 신나게 만들어주며, 에너지가 넘치도록 만들어줄 것이다.

인생의 절정기인 3040대를 살아가고 있다면 당신은 어떤 삶을 선택할 것인가? 어떤 삶을 선택하든 자유이지만 그 결과는 하늘과 땅만큼 차이가 많이 날 것이라는 사실을 명심해야 한다.

꿈과 열정은 우리 삶의 가치를 드높여주고, 우리의 삶을 더욱더 활기차고 성공적으로 이끌어줄 것이다. 따라서 그 어떤 것보다 더 소중한 것이라고 할 수 있다.

열정의 크기와 온도가
인생을 결정한다

프랭클린 루스벨트 전 미국 대통령의 부인 엘리노어 루스벨트
는 말했다.

"미래는 꿈의 아름다움을 믿는 사람들의 것이다."

이처럼 앞으로의 인생은 지금 당신이 얼마나 크고 뜨거운 열
정으로 꿈의 아름다움을 믿고 살아가느냐에 달려 있다. 그냥 열
심히 살아가면 됐지 열정이 있고 없고가 뭐가 그렇게 중요하냐
고 반문하는 사람도 있을 수 있다. 필자도 예전에는 독서가 뭐
가 그렇게 중요하고, 공부가 뭐가 그렇게 중요하냐고 생각하며

독서와 공부를 등한시한 적이 있었다. 여기서 공부란 입시 공부, 학교 공부, 승진 공부를 말하는 것이 아니다. 자신이 누구이고, 어떤 삶이 가장 가치 있는 삶이며, 어떻게 살아야 가장 행복하고 성공적인 삶을 살아갈 수 있으며, 왜 우리가 성공해야 하고, 왜 우리가 살아가야 하는지 등 인생 전반에 대한 공부를 말한다.

필자는 '독서와 공부가 과연 평범한 사람으로 하여금 위대한 인생으로 도약할 수 있게 해줄까?'라는 의문을 가지고 그것들의 중요성을 망각하며 2030대를 보냈다. 그러다 마흔이 되어 독서와 공부에 미쳐본 후 그것의 중요성을 알게 되었다.

열등하고 평범한 이건희를 세계 초일류 기업의 위대한 경영자로 만들어준 것이 바로 공부와 독서였다. 평범한 대학교를 나와 30대에는 평범한 직장인이었고, 40대에는 실업자였던 평범한 두 아이의 가장을 한 달에 서너 권의 책을 거뜬하게 집필하고도 남는 작가로 만들어준 것이 바로 공부와 독서의 위력이었다. 그리고 또 한 가지, 이 모든 일을 가능하게 하는 것은 바로 눈에 보이지 않는 작은 열정이었다는 사실을 비로소 깨닫게 되었다.

"중국 베이징에서 시작된 나비 한 마리의 날갯짓이 미국 뉴욕에서는 태풍을 불러일으킨다."

이 충격적인 문장으로 유명한 나비효과는 1963년 미국의 기상학자 에드워드 로렌츠가 컴퓨터로 기상을 모의 실험하던 중 초기 조건의 미세한 차이가 엄청나게 증폭되어 전혀 다른 결과가 나타난다는 사실을 발견한 것을 토대로 만들어졌다. 작은 나비의 날갯짓이 지구 반대편에 폭풍우와 같은 엄청난 기후 변화를 유발시킬 수 있다는 것은, 마치 우리 인생에서 3040대에 눈에 보이지도 않는 작은 열정의 씨앗이 싹틀 때 인생의 후반기에 엄청나게 좋은 삶을 살아갈 수 있다는 것과 매우 일맥상통한다.

3040대에 자신의 모든 것을 99퍼센트 발휘하며 살지, 100퍼센트를 다 발휘하며 살지가 평생 평범하게 살아갈지, 남과 다르게 비범하게 살아갈지를 결정한다. 따지고 보면 매우 작은 차이라고 볼 수 있다. 물을 99도까지 끓이는 것과 단 1도를 더 끓여서 100도가 되게 끓이는 것은 결과적으로 볼 때 하늘과 땅 차이다. 비등점을 넘어서느냐 넘어서지 못하느냐의 어마어마한 차이가 있는 것이다. 즉, 불이 끓는 것과 끓지 않는 것의 차이를 만든다. 그런 점에서 우리는 에디슨의 명언에 담긴 큰 의미를 되새겨봐야 한다.

"천재는 99퍼센트의 노력과 1퍼센트의 영감으로 이루어진다."

99퍼센트까지 노력하는 사람은 평범한 다수가 되지만, 마지막 1퍼센트를 더해 100퍼센트의 노력을 하는 사람은 천재로 도약하게 되는 것이다. 성공과 실패도 이와 마찬가지로 한 끗 차이다. 종이 한 장 차이가 성공과 실패를 가르고도 남는다. 우리의 인생도 이와 다르지 않다. 3040대의 인생에 눈에 보이지 않는 열정을 더하면 지금까지의 인생과는 차원이 다른 도약을 경험하게 된다.

똑같이 탄소로 이루어져 있는 숯과 흑연, 그리고 다이아몬드를 우리의 인생에 비유해보자.

낮은 온도에서도 쉽게 연소되는 숯과 쉽게 글씨를 쓸 수 있는 흑연, 눈부신 보석으로 매우 가치가 있는 다이아몬드를 구성하고 있는 본질은 모두 탄소라는 동일한 원소다. 그런데 왜 똑같은 원소로 이루어져 있는 이 세 가지 물질이 서로 다른 모양과 서로 다른 가치를 갖는 것일까? 그것은 바로 얼마나 높은 온도와 압력에 노출시키느냐에 따라 가치와 모습이 바뀌기 때문이다.

숯과 흑연의 경우 그 결정을 보면 평면으로 층이 이루어져 있지만, 다이아몬드는 그 차원을 뛰어넘어 3차원의 입체로 결합되어 있다. 그렇게 도약할 수 있게 해주는 것은 바로 고온과 고압이다. 탄소 결정체가 고압과 고온의 과정을 오랫동안 거치게 되면 다이아몬드가 탄생하는 것이다. 이렇게 고온과 고압을 견뎌낸 다이아몬드는 지구상의 그 어떤 물질보다 단단해진다. 우리 인생도 이와 마찬가지다.

높은 온도와 압력에 노출된 탄소 결정체는 숯이 되지 않고 눈부시고 가치 있는 다이아몬드가 되는 것처럼, 3040대의 인생에 열정이 가득하게 되면 좀 더 밀도 있는 삶을 살게 된다. 숯과 같은 인생을 살지, 다이아몬드와 같은 인생을 살지는 3040대를 어떤 상태로 살아가느냐에 달려 있다. 열정이 있는 3040대만이 자신의 삶을 스스로 높은 압력과 온도에 노출시킴으로써 다이아몬드와 같은 눈부신 인생을 만들어낼 수 있다.

열정이 작은 사람은 공부를 해도 실천에 옮길 수 없고, 열정이 뜨겁지 않은 사람은 아무리 큰 꿈과 목표와 비전을 가져도 그것을 향해 도전해나갈 수 없다. 열정의 크기가 클수록, 온도가 뜨거울수록 당신의 미래도 밝아질 것이다.

이제 열정은
선택이 아닌 필수다

　노스웨스튼 대학교에서 언어학을 전공하고, 예일 대학교 법학 대학원에서 법학박사 학위를 받은 다니엘 핑크는 『프리에이전트의 시대가 오고 있다』라는 책에서 세상의 변화가 직업 세계에서도 일어나고 있음을 잘 설명하고 있다.

　"조직인간에서 프리에이전트로의 변화는 경제 구조 자체를 바꾸고 있다. 가장 심원한 변화라면 이것이다. 즉, 경제력이 조직에서 개인으로 이전되고 있으며, 경제의 기본 단위가 조직이 아니라 개인이 되어 가고 있다는 것이다. (중략) 20세기의 후반 세기 동안 펼쳐진 미국의 사회·경제적 생활을 이

해하는 열쇠는 조직인간이었다. 21세기 전반에 새로이 등장
한 상징적 인간상은 프리에이전트다. 그들은 거대조직에 속
박됨 없이 자기 스스로 정한 협약에 따라 일하는 독립 노동
자로서, 한 사람의 보스를 위해서가 아니라 수많은 의뢰인과
소비자를 위해 일하는 사람들이다. 프리에이전트의 성장은
미국의 노동과 삶, 그리고 비즈니스에서 결코 무너지지 않을
것으로 생각되던 기존의 전제들을 산산조각 내고 있다."

- 다니엘 핑크, 『프리에이전트의 시대가 오고 있다』 중에서

그의 말처럼 이제 우리는 조직인간의 시대에서 벗어났다. 이
제는 프리에이전트(free agent)의 시대다. 그리고 이러한 프리에이
전트의 시대에 3040대에게 가장 필요한 것은 열정이다. 열정이
있을 때 비로소 프리에이전트로 거듭날 수 있기 때문이다.

비즈니스맨들에게 가장 영향력 있는 인물 중 한 명인 톰 피터
스는 말한다.

"모험가처럼 생각하고 완벽을 추구하라."

그는 자신의 저서 『톰 피터스 Essentials(인재)』를 통해 무형의
아이디어에서 더 많은 가치가 발생하는 시대에는 눈으로 볼 수
없는 재능이야말로 가장 중요한 재능이라고 말하면서 슈퍼 인

재의 아홉 가지 조건에 대해 설명했는데, 그중 첫 번째가 열정
이다.

1885년 2월 12일, 69세이던 독일의 수상 비스마르크는 살아
있는 한 계속 배우겠다고 말했다.

"나는 내가 사는 한 배운다. 나는 오늘도 배우고 있다."

우리는 살아 있는 한 열정을 가져야 한다. 열정이 있어야 공부
에 미칠 수 있다. 열정이 있어야 평생 뜨겁게 살 수 있다. 열정이
있는 사람은 그 자체로도 상응하는 보상을 받기에 충분한 자격
이 있다. GE의 회장이었던 잭 웰치는 열정이 있는 사람과 없는
사람의 차이에 대해 이렇게 말한다.

"열정 하나만으로도 A, B 두 사람의 수준을 나눌 수 있다.
두 사람 중 더 많은 열정을 가진 사람은 그렇지 않은 사람보
다 열정만으로 두 배, 세 배 더 인정받을 수 있으며, 또한 그
에 상응하는 보상을 받을 자격이 충분히 있다."

프리에이전트의 시대에 필요한 것은 열정을 가지고 자신의 삶
을 잘 개척해나가는 열정가들이다. 열정이 없다면 그 어떤 일도
해낼 수가 없다. 열정이 있을 때 현재에 최선을 다할 수 있고, 열

정이 있을 때 미래를 준비해나갈 수 있다. 또 열정이 있을 때 목표를 끝까지 추진할 수 있다. 어떤 난관에 봉착하더라도 열정이 있는 자와 없는 자는 행동이 다를 수밖에 없다.

"열정이 없는 곳에는 가치 있는 인생도, 사업도 없다.
진리를 구하고 찾는 데에는 냉철한 이지(理智)의 힘이 필요하지만
이를 밀고 나가는 것은 열정이다. 어디까지나 진리에 충실하려는 열정,
이것이 없고서는 이지의 힘도 명철해지지 못한다. 열정은 인생의 힘이다."

- 스위스의 사상가이자 법률가 힐티 -

열정 없이는 미래도
환희도 열광도 없다

강한 열정으로 삶의 틈새를 공략하라 ● 쓰러져도 다시 일어나는 오뚜기 열정 ● 3040대 눈에만 보이는 열정의 즐거움 ● 열정을 발산할 나만의 일을 찾아라 ● 어린아이처럼 순수한 열정을 품어라 ● 최고의 자신감은 열정에서 비롯된다 ● 열정만 있으면 평생 청춘이다 ● 큰 꿈이 큰 사람을 만든다 ● 과학적으로 입증된 열정의 힘 ● 삶의 열정에는 마침표가 없다 ● 보이지 않는 열정이 결정적 차이를 만든다

강한 열정으로
삶의 틈새를 공략하라

"어떤 사람에게 환경미화원이라는 이름이 붙여지면 그는 미켈란젤로가 그림을 그렸던 것처럼, 베토벤이 작곡을 했었던 것처럼, 그리고 셰익스피어가 시를 썼던 것처럼 마땅히 거리를 쓸어야 한다. 그는 거리를 잘 쓸어서 하늘과 땅에 있는 모든 천사들이 멈춰 서서 '여기에 자신의 일을 정말 잘했던 위대한 환경미화원이 살았다'고 말할 정도가 되어야 한다."

마틴 루터 킹 2세의 이 말처럼 우리는 무엇을 하느냐가 아니라 어떻게 하느냐가 더 중요하다는 사실을 망각해서는 안 된다. 환경미화원으로 살든, 농부로 살든, 교사로 살든, 정치가로 살든

직업의 귀천 없이 얼마나 많은 열정을 쏟고 얼마나 잘하느냐가
중요하다.

자신이 좋아하는 일, 자신을 행복하게 해줄 수 있는 일을 선택
한다면 그 일이 어떤 일이든 세계 최고가 될 수 있다. 반대로 자
신이 좋아하지 않고, 자신을 행복하게 해줄 수 없는 일을 선택한
다면 세계 최고는 허황된 꿈에 불과하다. 그것은 아무리 재능이
있는 사람이라도 즐기는 사람을 당해낼 수 없기 때문이다.

장자의 『양생주(養生主)』편에 보면 소를 기가 막히게 잘 잡았던
포정이라는 백정의 이야기가 나온다. 어느 날 포정이 궁정에서
소를 잡고 있었는데 그 손놀림과 기술이 신기에 가까웠다. 이때
우연히 지나가다 그 모습을 본 문혜군이 감탄해 마지않았다.

"어찌하면 기술이 이런 경지에 이를 수가 있느냐?"

포정은 칼을 놓고 다음과 같이 대답했다.

"제가 처음 소를 잡을 때에는 그 소의 겉모습만 보였습니
다. 3년이 지나니 어느덧 그 겉모습은 보이지 않고 그 소의
내면이 부위별로 보이기 시작했습니다. 요즘 저는 마음으로
소를 대하지 눈으로 보지는 않습니다. 마음의 눈을 뜨고 그
소의 살과 뼈, 근육 사이의 틈새를 봅니다. 그리고 그 사이로

212

제가 갖고 있는 칼을 지나 보냅니다. 솜씨 좋은 소잡이가 1년 만에 칼을 바꾸는 것은 살을 가르기 때문입니다. 평범한 소잡이는 달마다 칼을 바꾸는데, 이는 무리하게 뼈를 가르기 때문입니다. 그렇지만 제 칼은 19년이나 되어 수천 마리의 소를 잡았어도 칼날이 방금 숫돌에 간 것과 같습니다. 저 뼈마디에는 틈새가 있고 칼날에는 두께가 없습니다. 두께 없는 것을 틈새에 넣으니, 널찍하여 칼날을 움직이는 데도 여유가 있습니다. 그러니까 19년이 되었어도 칼날이 방금 숫돌에 간 것과 같습니다.”

이 말을 듣고 왕은 크게 감탄하며 삶의 도리를 깨우쳤다고 말했다.

지금은 직업에 귀천이 없는 시대지만 그 당시만 해도 소 잡는 백정은 가장 미천한 계층에 속했다. 그럼에도 불구하고 포정은 자신의 일에 남들과 비교할 수 없을 정도의 열정을 쏟아부었다. 그 결과 3년 만에 눈이 아닌 마음으로 소를 볼 수 있게 되었던 것이다.

자신의 일에 온 몸과 마음을 다 모아 열정과 에너지를 쏟아붓지 않았다면 과연 포정이 3년 만에 마음으로 소를 볼 수 있었을까? 그의 열정이 그의 칼날을 방금 숫돌에 간 것과 같게 만들었을 것이다. 포정과 같은 삶의 자세가 3040대에게 필요한 이유가 여기에 있다. 태어나서 30~40년을 살다 보면 몸도 마음도 상처 투성이가 되지만, 포정이 19년 동안 소를 수천 마리를 잡았어도 칼날은 방금 숫돌에 간 것과 같이 유지한 것처럼 우리의 몸과 마음도 그러한 상태를 유지할 필요가 있다.

포정이 19년 동안 칼을 바꾸지 않은 이유는 뼈와 살을 가르지 않았기 때문이다. 어떻게 포정은 뼈와 살을 가르지 않을 수 있었을까? 그 비결에 대해 포정은 뼈마디의 틈새에 칼날을 넣기 때문이라고 말했다. 뼈마디의 틈새를 잘 공략했던 것이다. 그렇다면 우리의 인생과 세상살이에도 남들이 보지 못하는 틈새가 있지 않을까? 그리고 그러한 틈새를 볼 수 있는 사람은 인생의 산전수전과 풍파를 다 겪은 후에 비로소 진짜 열정을 가지고 진정한 인생을 알아보는 마음의 눈을 가진 3040대다.

3040대에게 삶과 세상의 틈새를 보여주는 것은 바로 공부와 독서다. 그리고 공부와 독서를 하기 위해서는 무엇보다 열정이 필요하다. 그런 점에서 틈새를 보이게끔 해주는 것은 열정이라고 말할 수 있다. 열정을 가진 사람은 그 틈새를 좀 더 넓게 벌릴 수 있고, 없던 틈새나 전혀 벌어지지 않을 것 같은 틈새조차 넓게 벌릴 수 있다. 인생의 풍파를 다 겪은 인생의 베테랑인 3040대가 포정의 틈새 공략 비법을 터득한다면 인생에서 누구보다 더 빨리, 그리고 더 확실하게 성공하며 행복한 삶을 살아갈 수 있을 것이다.

‘최고의 백정은 소를 눈으로 보지 않고 영혼으로 꿰뚫어본다’
는 뜻의 포정해우(庖丁解牛)라는 고사성어처럼 최고의 인생, 최고
의 3040대는 인생을 재능이나 학식만으로 살아가지 않는다. 그
리고 돈이나 지위로만 살아가지도 않는다. 포정이 눈이 아닌 마
음과 영혼으로 소를 꿰뚫어본 것처럼 최고의 3040대는 열정으
로 인생을 살아간다.

쓰러져도 다시 일어나는
오뚜기 열정

지난 100년 동안 명품과 럭셔리의 상징이 된 여성이 있다. 바로 '코코 샤넬'이다. 그녀로 하여금 위대한 성공을 거둘 수 있게 해준 것은 재능이나 학식, 출신 배경이 아니었다. 그녀가 가진 단 한 가지, 바로 '아무도 흉내 낼 수 없는 뜨거운 열정'이 그녀를 세계 정상의 길로 인도하였다.

그녀는 누구보다 불행한 어린 시절을 보냈다. 열두 살에 어머니를 잃고 친아버지에게서 버림을 받은 그녀는 여동생과 함께 고아원과 수도원을 전전하면서 살아야만 했다. 하지만 그녀는 불과 같은 뜨거운 열정을 가진 여자였다.

"내가 곧 스타일이다."

이렇게 말할 정도로 그녀는 당당했고, 맨몸으로 20세기 전반에 걸쳐 세계 패션의 흐름을 주도한 신화적인 인물이 되었다. 『코코 샤넬, 내가 곧 스타일이다』라는 책의 저자인 카타리나 칠코프스키는 그녀에 대해 다음과 같이 이야기했다.

"샤넬은 일평생 어렵고 힘들었던 유년 시절을 결코 떨쳐버릴 수가 없었다. 그녀는 세상에 환멸을 느낀 고집 센 어린아이였다. 샤넬은 세상에 복수하기를 원했고 결국 해냈다. 유명해지기를 원했고, 성공의 값비싼 대가도 치렀다."

유명한 동기부여가인 브라이언 트레이시는 "꿈꿀 수 있다면 이룰 수 있다. 한계는 당신 자신 안에 있다"고 말했다. 그의 말대로 한계를 정하는 것은 바로 자신이다. 열정이 강할수록 한계의 폭과 높이는 분명 넓어지고 높아질 것이다.

리더십에 대한 피터 드러커의 견해가 담겨 있는 『피터 드러커 리더스 윈도우』라는 책을 보면, 많은 사람들이 실패하는 것은 열정이 없거나 엉뚱한 목표에 열정을 쏟기 때문이라고 한다.

"많은 사람들이 실패하는 것은 열정이 없거나 엉뚱한 목표에 열정을 쏟기 때문이다. 다시 이것은 세 번째 법칙(명확히 선언된 목표를 선언하라)과 연결된다. 열정과 헌신은 가치 있는 사명으로부터 나오며, 이것이 강한 열정으로 이어진다."

- 윌리엄 코헨,『피터드러커 리더스 윈도우』중에서

그의 말처럼 많은 사람들이 실패하는 원인은 강력한 열정이 없기 때문이다. 어떤 문제에 부딪혀보면 열정의 유무를 쉽게 판단할 수 있다. 열정은 강력한 추진력으로 이어지기 때문에 어떤 문제에 부딪쳤을 때 열정이 없는 사람은 쉽게 포기하지만, 열정이 있는 사람은 포기하지 않고 끝까지 밀어붙인다. 그 결과 성공하는 쪽은 항상 열정이 있는 사람이다.

『성공의 기술』이란 책을 저술한 존 그레이는 이 책에서 성공하는 자와 실패하는 자의 차이에 대해 간결하게 표현했다.

"성공하는 사람과 실패하는 사람의 가장 큰 차이는 실패한 후 다시 일어날 수 있느냐 그렇지 못하느냐에 달려 있다."

- 존 그레이,『성공의 기술』중에서

그의 말처럼 성공하는 쪽은 언제나 실패한 후에 다시 일어날 수 있는 사람이다. 열정이 있는 사람은 그렇지 않은 사람보다 훨씬 더 잘 일어날 수 있는 사람이기에 성공할 확률이 높은 것은

218

당연하다.

시도하지 않는 자는 아무것도 이룰 수 없다는 것이 만고불변의 진리다. 세계적인 베스트셀러이기도 한 성경 말씀에서도 이러한 진리를 찾을 수 있다.

"구하라, 그리하면 너희에게 주실 것이요. 찾으라, 그리하면 찾아낼 것이요. 문을 두드려라, 그리하면 너희에게 열릴 것이니. 구하는 이마다 받을 것이요, 찾는 이는 찾아낼 것이요, 두드리는 이에게는 열릴 것이니라."

〈마태복음〉에 나오는 이 말은 구하는 자만이 받을 수 있고, 찾는 자만이 찾을 수 있고, 두드리는 자만이 열 수 있다는 사실을 잘 말해준다. 성취는 도전하는 자에게만 주어지는 것이며, 성공은 시도하는 자에게만 주어지는 것이다. 그렇기 때문에 더 많이 시도할수록 더 많은 성공을 할 수 있는 것이다.

문제는 열정이 없는 자는 그 어떤 도전도 시도조차 하지 않는다는 것이다. 힘겹게 한두 번의 도전을 한다고 해도 그것마저 실패로 돌아가면 그다음부터는 절대로 다시 도전하지 않는다. 하지만 열정이 있는 자는 다르다. 강한 열정으로 끝까지 도전하고, 끝까지 시도한다. 열정은 다른 말로 포기하지 않는다는 것을 의미한다. 바로 이런 이유에서 열정이 없는 자는 인생에서 성공과

아무런 인연이 없는 것이다. 즉, 인생의 성공과 실패는 열정에
의해 결정된다고 할 수 있다.

3040대 눈에만 보이는
열정의 즐거움

　열정이 없다면 돈과 재산이 아무리 많아도, 명성이 아무리 높아도 인생을 즐길 수 없다. 열정 없는 성공이란 있을 수 없듯이, 열정 없는 즐거운 인생이란 존재하지 않는다. 열정이야말로 충만한 인생을 만드는 비결이며 기본 조건이다. 인생을 열정으로 가득 채운다면 절로 즐거워지고 충만해져서 인생의 순간순간을 즐기게 된다.

　열정은 우리의 인생에 즐거움을 낳는다. 그리고 그 즐거움은 이내 기쁨을 산출해낸다. 열정은 또 우리 인생에 신념을 낳고, 그 신념은 우리로 하여금 무모해 보이는 일에도 도전할 수 있는 용기와 행동을 낳는다. 그로 인해 인생은 점점 더 성공적이 되고, 다이나믹하게 된다.

열정은 썩은 고목처럼 죽을 날만 기다리는 노년의 삶에서 벗어나게 해준다. 이로써 당연히 즐거움과 기쁨이 충만한 삶을 살아갈 수 있게 된다. 열정 없이 살아가는 3040대는 시간과 일에 질질 끌려다니는 인생에 불과하다. 하지만 열정이 있는 3040대는 시간과 일을 끌고 나간다. 힘이 있고, 에너지가 있고, 마법이 그곳에 숨어 있기 때문이다.

지혜로운 자, 능력 있는 자의 열정 없는 인생보다 우둔하거나 때로는 열등하지만 열정 있는 인생이 더 위대하다. 후자의 경우가 훨씬 더 인생을 재미있게 즐기며 사는 인생이기 때문이다.

100년 전만 해도 3040대가 거의 노년에 속했다. 하지만 이제는 인생의 가장 정중앙에 위치하는 나이가 되었다. 10대에는 철이 없어서 인생을 제대로 즐기지 못하고, 20대에는 해야 할 것들도 너무 많고 인생의 참맛을 알지 못하기 때문에 제대로 즐길 수가 없다. 3040대가 되어서야 비로소 그야말로 무적이 되어 거침없이 인생을 즐길 수 있게 된다.

인생을 즐긴다는 것이 그저 나이트클럽에 가서 몸을 흔들어대며, 모든 걱정을 잊고 신나게 노는 것을 뜻하는 것은 아니다. 인생을 진정 즐긴다는 것은 자신의 목숨을 걸고 미칠 수 있는 일을 발견하고 그것에 모든 열정을 쏟아붓는 것을 말한다. 미치면 미칠수록 신이 나고 가슴이 뛰고 행복해지는 것을 발견하게 될 것이다. 이런 것을 제대로 할 수 있는 나이가 바로 3040대다. 3040대가 되면 비로소 자신이 어떤 사람이고, 남들보다 잘할 수 있는 것이 무엇인지, 그리고 어떤 일을 해야 이 세상에 하나뿐인 자신이라는 존재가 가장 행복할 수 있는지 깨닫게 된다.

이렇게 3040대만이 가질 수 있는 인생 경험과 삶의 개별적인 교훈들에 열정이 더해질 때 엄청난 빅뱅이 일어나고, 시너지 효과가 발생하여 자신의 의식과 사고, 그리고 인생의 임계점을 돌파해낼 수 있게 된다. 임계점을 돌파해낼 때 평범했던 자신이 비범한 인물로 도약하는 순간을 경험하게 된다. 그렇게 되면 불과 몇 년 전까지만 해도 상상도 할 수 없었던 일들을 순식간에 해내는 초인 같은 힘을 발휘하게 되고, 스스로 뒤로 자빠질 정도로 기절초풍하면서 놀라게 된다. 이렇듯 놀라운 경험을 날마다 하고, 자주 한 사람들이 위대한 위인이 되고, 성공을 하는 것이다.

앞에서도 소개한 리처드 브랜슨 회장은 인생을 즐기며 사는 방법을 완벽하게 터득한 경영자로 창조경영시대에 더욱더 각광을 받게 된 인물이다. 그가 남과 다른 점은 부자가 되기 위해 일을 하거나 의무감으로 자신을 구속하지 않는다는 점이다. 그가 그렇게 하는 이유는 인생의 즐거움에 보다 큰 가치와 의미를 두고 있기 때문이다. 무엇을 하든, 심지어 일을 할 때도 그는 돈이나 의무감 때문에 하지 않는다. 그는 열정과 꿈, 재미와 즐거움이 자신을 이끌어왔다고 말한다.

"나는 부자가 되기 위해 일하거나 의무감으로 족쇄를 채운 적이 없다. 어릴 적 크리스마스트리를 팔고, 잡지 〈스튜던트〉를 만들고, 열기구를 타고 세계 일주를 하는 등, 그 모든 일들을 원해서 했으며 그런 만큼 마음껏 즐겼다. 재미를 느끼는 일에 즐겁게 미치다 보니 성공과 돈은 절로 따라왔다. 일과 인생에 온 힘을 쏟고, 삶의 모든 순간을 즐겨라. 그러면 내 인생은 온전히 내 것이 된다."

- 리처드 브랜슨, 『내가 상상하면 현실이 된다』 중에서

인생을 즐길 때 가장 창조적인 사람이 될 수 있다. 무엇보다 일에 치여 사는 사람은 일의 노예가 될 뿐 삶의 온전한 주인이라고 할 수 없다. 그런 점에서 그는 삶의 온전한 주인이며. 또한 일의 주인이다.

성공에는 정해진 규칙도, 절대적인 어떤 것도 없다. 마찬가지로 인생을 즐기며 사는 것에도 절대적인 어떤 규칙은 없다. 열정이 있는 자만이 그것이 어떤 것인지 발견할 수 있다. 리처드 브랜슨은 자신에게 가장 적합한 그 길을 선택했다. 그는 "자신의 꿈과 열정에 솔직하게 행동하는 것이 곧 자신의 삶이고 경영"이라고 말한다. 자신의 꿈과 열정에 솔직한 것은 인생을 즐기며 사는 최고의 방법이기도 하다.

인생을 즐기며 살아가는 사람들이 그렇지 못한 사람들보다 직

업에서도 성공할 확률이 훨씬 더 높다.『직진보다 빠른 우회 전략의 힘』의 저자 존 케이 교수는 성공에 집착하면서 직접적으로 그것을 추구해나가는 사람보다, 우회적으로 성공을 추구하면서 그것에 집착하지 않는 전략의 성공 확률이 더 높다고 말한다. 그 이유는 무엇일까? 그것은 집착하지 않고 간접적으로 추구할 때 인생의 많은 부분을 즐기고 누릴 수 있기 때문이다. 그리고 그때 나오는 즐거움과 기쁨은 우리에게 최고의 창의성과 집중력을 선사해준다. 이것이 바로 우리가 인생을 즐기며 살아가야 할 이유 중 하나다.

즐기는 사람이 성공한다는 법칙은 스포츠 경기에도 그대로 적용된다는 사실을 『골프, 완벽한 게임은 없다』라는 책을 통해서도 알 수 있다. 이 책의 저자 밥 로텔라는 승리에 집착하거나 자신의 일을 의식하지 않고 골프를 즐기는 사람들이, 승리에 집착하거나 자신의 일에 너무 신경을 쓰는 사람들보다 훨씬 더 나은 경기를 펼칠 수 있다고 말한다. 또 그렇기 때문에 즐기면서 골프를 하는 사람의 스윙이 진정한 스윙이라고 말한다. 우리의 인생도 이와 다르지 않다. 우리가 진정으로 즐기면서 살아간다면 그것은 진정한 우리의 삶이라고 할 수 있다.

열정을 발산할
나만의 일을 찾아라

미국의 위대한 경영학자 짐 콜린스의 『좋은 기업을 넘어 위대한 기업으로』라는 책을 보면 '좋은 것은 위대한 것의 최대 적'이라는 파격적이고 충격적인 주장이 나온다. 즉, 좋은 회사, 좋은 연봉, 좋은 삶, 좋은 나라, 좋은 학교, 좋은 지식, 좋은 지위에 만족하는 것이 위대한 회사, 위대한 연봉, 위대한 삶, 위대한 나라, 위대한 학교, 위대한 지식, 위대한 지위로 도약하는 데 최대의 걸림돌이 된다는 것이다. 그리고 바로 그러한 이유 때문에 그토록 위대한 삶을 사는 사람들이 드문 것이라고 한다. 다시 말해 많은 사람들이 그저 좋은 삶을 살아갈 뿐 위대한 삶을 살아가려고 하지 않는 것은 좋은 삶에 만족하는 것도 나쁘지 않기 때문이라는 것이다.

짐 콜린스는, 좋은 기업에서 위대한 기업으로 도약하기 위해서는 '역량'이라는 걸림돌을 뛰어넘는 것이 중요한데 이를 위해 위대한 기업들이 '고슴도치 전략'이라는 것을 선택했다고 한다. 고슴도치 전략은 세 가지의 개념이 겹치는 부분에서 나오는 명쾌한 개념이다. 그 세 가지 개념은 첫째 자신이 세계 최고가 될 수 있는 일을 하는 것이고, 둘째 자신이 경제 엔진을 움직이는 것이고, 셋째 자신이 깊은 열정을 가지고 있는 일을 하는 것이다.

고대 그리스 우화 중에 '고슴도치와 여우' 이야기가 있다. 고대 그리스 시인 아르킬로코스의 수수께끼 같은 말, "여우는 많은 것을 알고 있지만, 고슴도치는 하나의 큰 것을 알고 있다"라는 것에서 영감을 얻은, 20세기를 대표하는 위대한 사상가이자 철학자 이사야 벌린은 세상의 수많은 사람들을 여우와 고슴도치 타입으로 나누었다. 그리고 그가 쓴 『고슴도치와 여우』라는 책은 이제 철학과 역사, 사상, 경제학의 핵심을 아우르는 고전이 되었다. 짐 콜린스 역시 좋은 기업이 어떻게 해서 위대한 기업으로 도약을 할 수 있을지에 대해 연구하고 분석한 결과를 밝히기 위해 고슴도치 전략을 사용하고 있다.

그가 말하는 고슴도치 전략은 위에서 언급한 세 가지의 개념이 모두 일치하는 것을 말한다. 그중 하나가 바로 깊은 열정을 가지고 있는 일을 하지 않으면 기술이나 인재, 자원이 아무리 충분해도 위대한 기업으로 도약할 수 없다는 것을 말해주고 있다.

"필립 모리스(위대한 기업)의 경영진들을 인터뷰할 때, 우리는 깜짝 놀랄 만큼의 강렬함과 열정에 마주쳤다. 제3장에서 조지 와이스먼이 회사에서 일하는 것을 자신의 결혼에 버금가는 대단한 연애로 묘사했던 일을 상기해보라. 사회 도의상 문제가 되는 소비재들(말보로 담배, 밀러 맥주, 지방분 67%의 벨베타, 카페인 중독자를 위한 맥스웰 하우스 커피, 초콜릿 중독자를 위한 토블레론 등등)을 공급하면서도, 그들은 일에 굉장한 열정을 갖고 있었다. 필립 모리스의 고위 경영진은 대부분 자사 제품들의 열렬한 소비자였다. 1979년, 당시 필립 모리스의 부회장이자 애연가였던 로스 밀하이저는 말했다. '나는 담배를 사랑하오. 담배야말로 인생을 정말 살 만한 것으로 만들어주는 것들 중 하나지요.' 필립 모리스 사람들은 분명히 자신의 회사를 사랑했고 자기들이 하는 일에 열정을 갖고 있었다. 그들은 마치 스스로를 말보로 광고판에 묘사된, 외롭고 지독하게 독립심 강한 카우보이로 여기는 것 같았다."

- 짐 콜린스, 『좋은 기업을 넘어 위대한 기업으로』 중에서

짐 콜린스가 주장하는 위대한 기업으로 도약하는 데 있어서 필수요건은 단순히 열정을 가지는 것에 그치는 것이 아니라 진

짜로 열정을 가질 수 있는 일을 해야만 한다는 것이다. 열정에는 위대한 힘과 에너지가 숨어 있기 때문에 뜨거운 열정을 가질 수 있는 일을 할 때와 그저 인위적으로 열정을 가지고 일을 하는 것에는 엄연한 차이가 있다는 점을 발견해낸 것이다.

3040대에게 중요한 것은 자신이 진정으로 열정을 가질 수 있고, 뜨거운 열정을 온몸으로 느낄 수 있는 일을 해야 한다는 것이다. 다시 말해 3040대에 열정을 가지고 살아가야만 성공과 눈부신 미래가 보장된다.

자기 자신이 뜨거운 열정을 느낄 수 있는 그런 일을 하라. 돈이나 명성, 타인의 시선은 의식하지 말고 오직 자신의 열정만을 중심에 두고 그 일에 미쳐보는 것이 중요하다. 그렇게 할 때 열정의 강도는 더욱더 강해지고, 자신이 가지고 있던 평범한 역량이 곧 비범한 역량으로 도약하고 발전하는 것을 발견하게 될 것이다.

열정을 가진 자는 자신만이 열광할 수 있는 길을 간다. 그리고 그것은 무엇보다 자신의 모든 잠재능력을, 100%를 넘어 200%까지도 발휘해낼 수 있는 완벽한 조건이 된다. 이러한 사람이 성공하지 않는다면 이 세상에 성공할 사람은 아무도 없을 것이다. 자신만의 길을 열정적으로 가는 사람은 모두가 한눈에 알아보며 그것은 전염성을 가지고 있다. 수많은 사람들이 이런 사람의 에너지와 열정에 매료될 수밖에 없다. 그 결과 많은 사람들이 이런 사람을 리더로 추대하게 되는 것이다.

넘치는 열정은 스스로를 가장 고양되게 하여 차원 높은 삶을 살 수 있도록 이끌어준다. 이러한 사람은 시시한 것에 눈썹 하나 깜짝이지 않고, 태산처럼 요동치지 않는 삶을 산다. 사자와 같이 담대한 삶을 살아간다. 누구보다 당당한 삶을 살아간다. 한마디로 스스로 멋진 삶을 만들어가며 살아가는 것이다.

미국의 자동차 제조업체 크라이슬러사의 창업자 월터 크라이슬러는 자신의 일에서 순수하게 흥분을 느끼지 못하는 사람만큼 안쓰러운 사람은 없다고 말했다.

"자신의 일에 순수하게 흥분하지 못하는 사람은 참으로 안쓰럽다. 그런 사람은 결코 만족감을 느낄 수 없을 것이며, 가치 있는 일을 이룰 수도 없을 것이다."

그의 말처럼 자신의 일에 순수하게 빠지는 것은 가치 있는 일을 이룰 수 있는 원동력이 되어준다. 자신만이 할 수 있는 길을 가는 사람도 이와 다르지 않을 것이다.

어린아이처럼
순수한 열정을 품어라

　인간은 누구나 태어나서 유아기를 지나 청소년기를 거치며 성장한다. 이처럼 누구에게나 열정을 불태우는 시기가 찾아온다. 어떤 사람은 평생 몇 년 동안만 열정을 불태우기도 하고, 또 어떤 사람은 20대에 열정을 불태우다가 30대가 되면 사그라지는 경우도 있다. 하지만 인생에 있어서 성공하는 사람은 3040대가 되어서도 불타오르고, 나머지 삶을 사는 동안에도 열정을 불태운다.

　위대한 사람일수록 모진 풍파 속에서도 좀처럼 어린아이의 순수함을 잃지 않는다. 세상의 그 어떤 풍파와 시련보다 거인의 가슴 속에 자리 잡은 순수함과 열정이 더 크기 때문이다. 이와 마찬가지로 열정을 가진 사람은 어린아이처럼 가슴 뛰는 삶을 산다.

어린 시절 소풍 가기 전날 밤, 잠을 못 이룰 정도로 가슴 설레던 때와 같은 느낌을 3040대가 되어 몇 번이나 경험했는지 생각해보라. 만약 3040대의 나이에도 그때와 같이 가슴 설레며 잠 못 이루는 밤을 보내고 있다면 당신은 확실히 성공적인 삶을 살고 있고, 열정적인 삶을 살고 있는 것이다. 반면 그렇게 가슴 뛰는 일이 일 년에 한두 번도 없다면 당신의 미래는 힘겹고 고달파질 것이다.

이 나이에 도저히 열정을 가지고 살 자신이 없다고 말하는 3040대가 있다면 좋은 방법이 하나 있다. 마치 열정을 가지고 있는 것처럼 말하고, 행동하고, 생각하면 된다. 그렇게 행동하다 보면 어느덧 없던 열정이 생겨 오롯이 자신의 것으로 승화되는 경험을 하게 될 것이다. 이러한 인간의 특성을 꿰뚫어본 사람이 바로 영국의 대문호 셰익스피어다. 그는 이렇게 말했다.

"미덕을 가지고 있지 않아도 그것을 가지고 있는 체하라.
그러면 그 미덕을 가지고 있는 자신을 발견하게 될 것이다."

필자 역시 실제로 자신이 없을 때 자신 있는 척 말을 하고 행동하다 보면 없던 자신감이 생기는 것을 경험할 수 있었다. 또 긴장될 때 긴장하지 않은 척 미소를 지으면서 웃고 자연스럽게

말하다 보면 어느새 긴장은 사라지고 여유가 생기는 것을 경험
했다.

"우리 앞뒤에 놓여 있는 것은 사소한 문제들이다. 우리 안
에 있는 것을 꺼내어 세상에 펼쳐놓을 때 기적은 일어난다."

헨리 데이빗 소로우의 이 말처럼 우리 안에 있는 열정을 꺼내
어 세상에 펼쳐놓아야 한다. 그래야만 시간을 거슬러 올라갈 수
있고, 나이를 초월해서 살아갈 수 있다.

열정을 가지고 있는 사람은 평생 단 하루도 일이란 것을 하지
않아도 된다. 평생 어린아이처럼 신나게 놀다 보면 어느덧 성공
의 정상에 서 있는 자신의 멋진 모습을 발견할 수 있을 것이다.
위대한 성공을 이룬 사람들은 대부분 하기 싫은 일을 하루하루
참으면서 하기보다는 놀이처럼 자신의 일을 즐겼다는 공통점이
있다. 발명왕 에디슨도 이런 사람이었다. 그에게 어느 기자가 다
음과 같은 질문을 했다.

"하루에 18시간이나 연구소에서 일하면 힘들지 않나요?"

그러자 에디슨은 의아해하면서 도무지 이해할 수 없다는 듯
대답했다.

"나는 평생 단 하루도 일이란 것을 해본 적이 없습니다. 모
두 즐거움이었죠."

열정을 가지고 세상을 살아가는 사람에게는 모든 것이 즐거움
이 될 수 있다는 것을 보여주는 일화다.

열정이 중요한 이유는 삶의 자세와 마인드에 가장 큰 영향을
끼치기 때문이다. 열정이 있는 자와 없는 자는 눈빛부터 다르며,
그것은 모든 삶의 자세와 마인드를 좌우하는 결정적인 요인이
된다. 인생의 성공과 행복은 궁극적으로 삶의 자세와 마인드에
달려 있다고 해도 과언이 아니다.

3040대의 열정은 그 어떤 때보다도 삶의 자세와 마인드에 강
력한 영향력을 행사한다. 열정을 가진 3040대를 좌절에 빠트릴
만한 것은 이 세상에 아무것도 없다. 우리가 어린아이와 같이 가
슴 뛰는 삶을 살지 못하고 늙어가는 것은 우리에게 열정이 없기
때문이지 단순히 나이 때문이 아니다.

3040대의 열정으로 어린아이처럼 가슴 뛰는 삶을 살아야 하
는 이유 중 하나는 그런 사람이 진정 행복한 사람이기 때문이다.
그런 사람의 삶은 하루하루가 신나고 즐겁고 환상적이다. 그리
고 하루하루 에너지와 활기와 창의성과 젊음이 넘쳐난다. 우리
가 행복하게 살면 좋은 이유는 행복 그 자체 때문이기도 하지만
그것보다 더 중요한 이유가 있다. 행복한 사람이 성공도 하고,

제대로 된 삶을 살아갈 수 있으며 인간관계에서도, 직장에서도, 가정에서도 충실한 삶을 살 수 있기 때문이다.

이 세상에는 두 가지 원칙이 있다. 첫 번째 원칙은 성공한 사람이 행복해지는 것이 아니라 행복한 사람이 성공한다는 것이다. 두 번째 원칙은 행복하지 않은 사람은 부자가 되고 성공을 한다 해도 더 행복해질 수 없다는 것이다. 3040대의 열정으로 어린아이처럼 행복해져야 하는 이유가 여기에 있다. 열정만큼 우리의 삶을 젊게 만들어주는 것은 없다. 그런 점에서 3040대에게 가장 필요하고 가장 중요한 것은 열정을 되찾는 것이다.

최고의 자신감은
열정에서 비롯된다

위대한 인물들 중에는 불가능해 보이는 상황에서도 큰 승리를 거둔 명장들이 많다. 그중에서도 가장 인상 깊은 명장으로 15년 동안 로마를 공포에 떨게 했던 한니발 장군을 꼽을 수 있다.

그는 5만 명이 채 안 되는 병사들을 이끌고, 당시의 상황으로서는 도저히 불가능했던 알프스 산맥을 넘어 로마를 초토화시켰다. 카르타고에서 출생한 한니발 장군은 정확히 4만에서 5만 명의 군인, 8천에서 1만 명의 기사, 37마리의 코끼리를 이끌고 얼음과 눈을 헤치고 알프스를 넘었다. 과연 무슨 힘으로 그 일을 해낼 수 있었던 것일까?

그가 이끄는 카르타고군은 4일 낮과 3일 밤 동안 습지를 지나는 행군을 감행해야 했다. 배고픔과 피로와 추위와 싸워야 했다. 이 행군은 한마디로 지옥 행군이었다. 한니발 자신도 한쪽 눈이 실명될 정도로 이 행군은 혹독한 것이었고, 인간의 한계를 초월하는 것이었다. 하지만 한니발과 그가 이끄는 군대는 한계를 넘어섰다. 그리고 로마와의 싸움에서 승리를 얻었다.

한니발이 이렇게 위대한 업적을 달성할 수 있었던 원인에 대해 어떤 이들은 용기와 기강 때문이라고 말하기도 하고, 또 어떤 이들은 신념과 전략 때문이라고 말하기도 한다. 하지만 필자는 불가능하게만 보였던 그것을 가능하게 만든 단 한 가지는 '한니발의 열정'이었다고 생각한다.

그에게 뜨거운 열정이 없었다면 남들이 상상도 못하는 알프스를 넘어 그 당시 가장 강했던 로마제국의 군대와 싸우기 위해 전진할 수 없었을 것이다. 한니발은 주저하지 않고 기꺼이 진격했으며, 알프스를 넘었다.

열정은 그 어떤 것도 이겨내고 극복해낼 수 있는 힘을 가지고 있는 신비스럽고 놀라운 것이다. 2002년 월드컵을 통해 우리나라 전 국민이 느낀 것 역시 열정의 힘이었다. 당시 한국의 축구 대표팀이 월드컵 4강에 오를 수 있었던 것은 한마디로 승리를 향한 온 국민의 열정이 있었기 때문이다. 한국의 축구대표팀은 그 어떤 상대를 만나도 위축되지 않았고, 승리에 대한 열정은 식을 줄 몰랐다. 사그라지지 않는 열정 덕분에 역사적인 4강을 이루어냈다고 말할 수 있다. 30년 이상 살아오면서 세상에 번번이 점수를 내주고 참패를 당한 3040대도 열정만 있다면 절대 위축되지 않고 자신감을 가질 수 있다.

누군가는 이렇게 말한다.

"내 인생이 엉망이기 때문에 어쩔 수 없이 내 생각과 자세도 그런 거야."

이는 잘못된 생각이다. 이런 생각을 하기 때문에 엉망인 인생에서 벗어나지 못하는 것이다. 즉, 생각과 자세가 엉망이기 때문에 삶도 그렇게 되는 것이다. 소가 수레를 이끌지, 수레가 소를 끌고 가는 것은 아니듯 우리의 삶도 우리의 생각과 자세가 이끌고 가는 것이다. 그중에서도 가장 중요한 것은 자신감이라고 할 수 있다.

랄프 왈도 에머슨은 "자신감을 잃으면 그 순간 온 세상이 적이 된다"고 말했다. 오프라 윈프리는 "자신의 몸, 정신, 영혼에 대한 자신감이야말로 새로운 모험, 새로운 성장 방향, 새로운 교훈을 계속 찾아 나서게 하는 원동력이며 바로 이것이 인생이다"라고 말했다. 사무엘 존슨은 "자신감은 위대한 과업의 첫 번째 요건이다"라고 말했다.

한마디로 성공의 비결은 돈이나 지능, 능력, 실력이 아니라 자신감인 것이다. 이러한 자신감은 주로 뜨거운 열정을 가진 사람들에게서 찾아볼 수 있다. 3040대에게 열정이 간절하게 필요한 이유도 이 때문이다. 성공하고 행복하게 살기 위해서는 무엇보다 자신감과, 포기하지 않는 불굴의 의지와 힘이 절대적으로 필요하다.

사명, 의무, 책임, 도덕, 성실, 근면, 노력 등이 우리에게 자신감을 불어넣어줄 수는 없다. 어느 정도는 가능하겠지만 한계가 있다. 최고의 자신감은 열정에서 비롯된다. 뜨거운 것은 그 어떤 것도 다 녹일 수 있으며, 뜨거운 온도는 최고의 도자기를 만들어낼 수 있듯이 뜨거운 열정은 자신을 넘어설 수 있는 힘과 에너지를 제공해줄 것이다.

열정만 있으면
평생 청춘이다

　흑인 노예들의 실상을 전 세계에 알리며 큰 감동을 준 『뿌리』
라는 소설의 저자 알렉스 헤일리는 열정이 넘치는 인물이었다.
17세 때 공부에 흥미를 잃어버린 그는 곧바로 대학을 자퇴하고,
연안수비대에 입대를 했다. 하지만 그의 마음에는 전업 작가에
대한 꿈과 열정이 있었다.

　20년 동안의 군 생활을 마치고 38세에 제대한 후에도 그의 꿈
과 열정은 변하지 않았다. 생활고로 고생을 하면서도 그는 작가
가 되고자 하는 꿈을 절대 포기하지 않았다. 작가가 되기 위해서
는 가난과 궁핍도 참아내야 한다는 것을 알면서도 그는 그 길을
택했던 것이다.

"그때 나는 결심했습니다. 작가가 되기 위해서 취직을 포기했던 것입니다. 작가가 되려는 그 한 가지 목표에만 전력을 다하자고 생각했습니다. 근근이 잡고 있던 것에서 과감하게 손을 놓아버린 것입니다. 그리고 최선을 다했습니다. 일주일 내내 하루 열여섯 시간에서 열여덟 시간을 썼습니다."

그는 세상이 자신을 멈추게 하고, 꿈을 포기하라고 협박하고 위협해도 작가의 꿈을 절대 포기하지 않았다. 그에게는 열정이 있었기에 20대 청춘처럼 어떤 시련과 어려움 속에서도 다시 시작할 수 있었다.

가난한 무명 작가였던 그는 44세에 『뿌리』를 쓰기 시작했다. 하지만 작업은 쉽지 않았고, 1~2년 안에 끝나지 않았다. 10년 이상의 수고와 노력, 인내, 수많은 자살 충동을 이겨내고 56세에 드디어 탄생한 이 소설로 그는 세계적인 베스트셀러 작가가 되었다. 그리고 '노예의 역사에 대해 지대한 공헌'을 했다는 이유로 1977년 미국에서 가장 권위 있는 상인 퓰리처 특별상을 받기도 했다. 그가 모든 어려움을 극복하고 베스트셀러 작가로 성공할 수 있었던 것은 바로 식을 줄 몰랐던 열정 때문이었다.

이처럼 열정은 모든 것을 가능하게 한다. 3040대에도 열정이 있는 사람은 무슨 일이든지 다시 시작할 수 있다. 그런 점에서 청춘이라고 할 수 있다.

물건을 사용하지 않고 방치해두면 녹이 슨다. 옷도 자주 입지 않고 옷장에 보관해놓으면 빨리 망가진다. 흐르지 않고 고여 있는 물은 악취가 나고 부패한다. 이처럼 아무 일도 하지 않는 사람은 자꾸 여기저기 아프고 마음도 나약해진다. 수명과 관련된 연구 결과나 통계를 보면 은퇴 후에 급격하게 건강이 나빠지고, 오래 살지 못하고 병에 걸리거나 죽는 사람들이 많아진다는 것을 알 수 있다. 반면 바쁘게 하루하루 살아가는 사람은 빨리 늙지 않는다.

운동 경기를 할 때에도 활발하게 움직이는 선수들은 잘 다치지 않는다. 가장 많이 다치는 선수는 가만히 서 있는 선수들이다. 배나 비행기, 자동차도 마찬가지다. 뜨겁게 엔진을 달구어 자주 사용해야 오래가고 강해진다. 이러한 원리는 사람에게도 그대로 적용된다. 멈추지 않고 뜨거운 열정을 가지고 움직이는 사람은 빨리 늙지 않는다. 이런 사람에게는 질병이나 나약한 마음이 헤집고 들어올 틈이 없다. 그래서 건강하게 오래오래 청춘으로 살아가는 것이다.

평생을 청춘으로 살았던 인물로 필자가 존경하는 벤저민 프랭클린을 들 수 있다. 그는 독학으로 공부하여 인쇄업에서 부와 명성을 모두 얻었지만 놀랍게도 42세에 은퇴를 했다. 그런데 더 놀라운 사실은 그에게 큰 영광과 명성을 가져다준 시기가 바로 이

242

때부터라는 것이다. 이후 그는 번개가 전기라는 사실을 증명했고 복초점 안경, 고효율 안경, 감기의 전염성, 멕시코 만류 도표 등에 대한 이론을 만들어냈다. 도서관, 대학교, 소방대, 보험협회 등의 다양한 현대적인 프로그램도 창안했다. 또한 정치 분야에서 식민지 연합과 단일 정부를 위한 연방 모델을 제안하는 생산적인 기획안을 구상했다.

그가 만약 40대 이후의 삶을 그저 편안하고 안락하게 살고자 했다면 지금 우리는 많은 것들을 누리지 못했을지도 모른다. 하지만 그는 뜨거운 열정을 통해 40대 이후부터 전혀 다른 삶을 살았다. 이것이 바로 그가 평생 청춘으로 살았다는 증거다. 그가 생애 최고의 작품을 집필한 것은 84세 때였다는 사실을 우리는 명심할 필요가 있다. 3040대에 열정을 가져야 하는 이유가 바로 여기에 있다. 3040대의 열정은 우리를 청춘으로 살아갈 수 있게 해준다.

큰 꿈이 큰 사람을 만든다

성공한 삶이란 돈 많고 편안한 삶이 아니라 최선의 자신을 만들고 최고의 삶을 사는 것이다. 미국인의 반 이상이 이용한다는 월마트를 세운 샘 월튼은 40대에 이미 부자였기 때문에 안락한 삶과 편안한 노후가 보장되어 있었다. 하지만 그에게는 열정이 꿈틀거리고 있었다.

그는 담대한 꿈과 비전을 품고, 담대한 도전과 모험을 감행했다. 자신의 모든 재산을 은행에 저당 잡히고, 자금을 빌려 대형 할인점 사업에 뛰어들었던 것이다. 이때 그의 나이는 44세였다. 그의 사업은 서서히 꾸준히 성장하여 67세가 되었을 때 미국에서 제일가는 부자가 되었고, 그 후 6년 동안 계속해서 미국에서 제일가는 최고 부자의 자리를 지켰다. 그는 열정이 바로 성공의 비결이었다고 말한다.

"지금 당장 밖으로 나가면 아마 수백, 수천 명의 사람들이 기막힌 아이디어를 가지고 있을 겁니다. 비전을 가지고 당장 필요한 것을 실행하려는 열정이 있으면 사업은 끊임없이 성공할 수 있습니다."

이처럼 열정이 있으면 위대한 꿈과 비전을 품을 수 있을 뿐만 아니라 실현시킬 수도 있다. 그렇다면 위대한 꿈과 비전을 품어야 하는 이유는 무엇일까? 그것은 우리가 우리의 생각을 넘어서지 못하는 존재이기 때문이다. 위대한 꿈과 비전을 품어야만 위대한 삶을 살아갈 수 있다. 시시한 생각을 하면서 위대한 삶을 살아갈 수는 없다. 또 삶은 스스로 만들어가는 것이다. 위대한 꿈과 비전을 품지 않은 사람은 자신을 위대한 삶의 주인으로 만들 수 없다.

철학자 장 폴 사르트르는 다음과 같이 말했다.

"한 인간의 현재 모습은 바로 스스로 그렇게 만든 결과다."

우리가 위대한 꿈과 비전을 품고 살아가야 하는 또 다른 이유는 벼랑에서 떨어져보기 전에는 날 수 있다는 사실을 알지 못하기 때문이다. T.S. 엘리어트는 이런 말을 했다.

"위험을 감수하고 멀리 가보는 사람만이 자신이 얼마나 멀리 갈 수 있는지를 알 수 있다."

우리는 자신의 능력이 어느 정도인지 제대로 알지 못한다. 이 때문에 우리가 품을 수 있고, 생각할 수 있는 최대의 꿈과 비전을 가져야 한다. 르네상스를 빛낸 거장 미켈란젤로는 너무 작은 꿈과 비전을 가지는 사람들에게 이렇게 조언한다.

"대부분의 사람들에게 가장 위험한 일은 목표를 너무 높게 잡고 거기에 이르지 못하는 것이 아니라 목표를 너무 낮게 잡고 거기에 도달하는 것이다."

삶의 기적을 만들어낼 만큼 눈부신 성공을 거두는 사람들의 특징은 엄청난 꿈과 목표를 세워놓고 그것을 향해 뜨겁게 살아간다는 것이다. 우리의 삶에 기적을 선사해주는 꿈은 결코 시시한 꿈, 평범한 꿈이 아니다. 위대하고 담대하고 위험하고 비범한 꿈만이 우리의 가슴을 뛰게 하고, 피를 끓게 하는 기적을 선사해준다. 건축가 다니엘 H. 버넘은 이러한 사실에 대해 다음과 같이 표현했다.

"작은 꿈을 꾸지 마라. 그것은 당신의 피를 들끓게 하는 기적을 일으키지 못한다. 원대한 꿈을 세우고 드높은 이상과 희망을 향해 나아가라."

우리가 담대한 꿈과 비전을 품어야 하는 이유가 바로 이 때문이다. 그리고 3040대의 열정은 담대한 꿈과 비전을 품을 수 있도록 도와준다. 그렇기 때문에 열정이 없다면 미래도, 환희도, 열광도 없는 삶을 살게 될 것은 뻔한 사실이다.

과학적으로 입증된
열정의 힘

열정은 무의식 속에 존재하며 잠자고 있는 무한한 힘을 이끌어낼 수 있는 몇 안 되는 도구 중 하나다. 현대 뇌과학과 심리학을 통해 의식의 힘은 빙산의 일각에 불과하다는 사실이 속속 밝혀지고 있다. 즉, 의식에 비해 무의식의 힘이 몇 십 배 더 크다는 것이 증명되고 있다. 이로써 무의식을 일깨울 수 있는 사람이 위대한 업적을 성취해낸다는 사실도 알려지게 되었다.

어떤 학자는 "의식이 1이라면 무의식이 9 정도에 해당된다"고 하고, 또 어떤 학자는 "의식이 1이라면 무의식이 24에 해당된다"고도 한다. 물론 무의식의 크기를 정확한 수치로 표현할 수는 없지만, 의식보다 무의식의 영역이 훨씬 더 크다는 사실에는 이제 다들 공감을 하는 것이다.

암에 걸린 사람이라도 어떤 사람은 완치하고 건강하게 살아가지만, 어떤 사람은 그렇게 하지 못한다. 그 이유가 바로 무의식의 차이라고 할 수 있다. 어떤 사람은 암에 걸렸어도 살아날 수 있고 건강하게 생활할 수 있다는 사실을 무의식적으로 믿고 있는 반면, 어떤 사람은 암에 걸렸으면 무조건 죽는다고 무의식적으로 느끼고 있기 때문이다. 이러한 무의식의 차이는 사람의 생사에 영향을 미칠 정도로 큰 역할을 담당하고 있다.

의식의 처리 속도와 용량에 비하면 무의식의 처리 속도와 용량은 우리의 상상을 초월한다는 것이 심리학과 뇌과학의 주장이다. 그런데 이러한 엄청난 에너지와 능력의 산실이 무의식을 깨우는 데 필요한 조건들 중 하나가 열정이다. 열정이 있는 사람은 어디에서 무엇을 하든 자기 안에 잠자던 능력을 끄집어낼 수가 있다. 이런 점에서 볼 때 최고의 인생을 사는 비결이 비로 열정인 것이다. 뿐만 아니라 지금까지와는 전혀 다르게 살고 싶은 사람이나, 탁월함을 추구하고 탁월함에 미치고 싶은 사람에게 추천하고 싶은 것도 역시 열정이다. 열정에는 놀라운 마법이 숨어 있기 때문이다.

양자물리학의 관점에서 보면 이 세상은 파동이며 홀로그램에 불과하다고 할 수 있다. 우리의 몸과 눈앞에 보이는 책과 컴퓨터, 자동차, 비행기 등 모든 것은 에너지 파동이라고 양자물리학에서는 보고 있다. 그렇기 때문에 말이나 생각을 하게 되면 그것이 일종의 에너지 파동을 일으켜 현실이 되게 한다는 이론이 틀린 것이 아닌 것이다.

예로부터 내려오는 말 중에 "말이 씨가 된다", "생각과 말이 현실을 창조한다", "지성(至誠)이면 감천(感天)"도 알고 보면 매우 과학적인 말이다. 또한 세계적인 베스트셀러 작가인 파울로 코엘료의 "무언가를 간절히 원하면 온 우주가 그것이 이루어지도록 도와준다"는 말 역시 매우 과학적인 것이다. 양자물리학에 의하면 이 세상이 모두 에너지의 파동으로 이루어져 있기에 인간의 지극한 정성은 하나의 에너지 파동이 되고, 그것은 결국 하늘과 온 우주를 움직일 정도로 강력한 힘이 될 수 있기 때문이다.

실제로 일본의 한 과학자가 물을 대상으로 말이 가지고 있는 효과에 대해 실험을 한 적이 있다. 물을 넣은 유리병 앞에 각각 "감사합니다"와 "망할 놈"이라는 글을 써놓은 종이를 붙여놓고 실험해본 결과 결정 구조가 180도 판이하게 다르게 변한다는 사실을 입증해 보였다. 이런 점에서 볼 때 열정은 또 다른 강력한 에너지의 파동인 것이다. 따라서 뜨거운 에너지가 있는 사람과 그렇지 않은 사람의 삶에 차이가 생기는 것은 당연하다고 할 수 있다.

뜨거운 열정을 가진 사람은 그렇지 않은 사람에 비해 강력한 에너지를 또 하나 추가로 가지고 있는 셈이다. 자동차로 치면 매우 강력한 연료통을 추가로 하나 더 가지고 있는 셈이 된다. 단거리 경주가 아닌 장거리 경주인 인생에서 이러한 연료통은 성공과 실패를 좌우하고도 남는 매우 중요한 요인이라는 사실을 쉽게 이해할 수 있을 것이다.

누군가를 사랑할 때 그 사랑이 또 다른 강력한 에너지가 되기 때문에 사랑에는 힘이 있는 것이다. 그리고 여자는 약하지만 어머니는 강한 이유는 자식에 대한 뜨거운 모성애가 추가되기 때문이다. 어딘가에 미친다는 것은 보통사람에게 없는 또 하나의 에너지 혹은 연료통을 가지고 있는 것이나 마찬가지이므로 보통사람보다 더 많은 에너지가 넘쳐나는 것이다.

골프 황제 타이거 우즈가 최고의 프로골퍼가 될 수 있었던 것도 남들보다 더 강력한 연료통인 열정을 하나 더 갖고 있었기 때문이다.

"최고에 대한 열망은 최고를 낳는다."

그의 이 말처럼 그를 최고의 길로 이끌어준 것은 남들에게는 없는 최고에 대한 열망이었다. 열망은 열정의 또 다른 이름이며, 또 하나의 연료통이다. 열정이란 무언가를 간절히 원하는 것에서 비롯된다. 그래서 열정은 불가능을 가능으로 만들고, 그 어떤

장애물도 극복할 수 있게 해주고, 평범한 사람을 위대한 일을 해
내는 위대한 인물로 바꾸어놓는 것이다. 열등한 자신을 최고로
만들어주는 것이 바로 열정이다.

삶의 열정에는 마침표가 없다

우리에게 알 수 없는 흥분과 열정을 느끼게 해주는 〈볼레로〉
는 모리스 라벨이 남긴 곡 중에서 대중에게 가장 잘 알려진 곡
이다. 리듬 반복에서 오는 긴장감과 턱없이 부풀어 오르는 음향
효과로 인해 내면에 잠재되어 있는 흥분과 열정을 점점 더 강도
있게 느끼게 해주는 이 곡을 그는 53세의 나이에 작곡했다.

평균 수명이 30세 전후였던 유럽의 르네상스 시대에 살았던
레오나르도 다빈치가 걸작 〈모나리자〉를 완성했던 나이는 54세
였다. 그와 함께 르네상스 3대 거장으로 불리는 미켈란젤로의
열정에도 역시 마침표가 없었다. 미켈란젤로는 시스티나 성당의
천장에 벽화 〈천지창조〉에 이어 〈최후의 심판〉까지, 우리가 상

상도 할 수 없는 엄청난 불굴의 열정과 투혼으로 완성시켰다. 그 것이 완성되었을 때 그의 나이는 66세였다.

삶의 열정에는 마침표가 없다. 이러한 사실을 온몸으로 보여 준 인물 중 한 명을 꼽자면 역사상 가장 유명한 소설 가운데 하 나인 『레 미제라블』의 작가 빅토르 위고를 들 수 있다. 그가 이 작품을 쓰기 위해 기울인 노력과 열정을 살펴볼 때 우리는 그에 게 경의를 표하지 않을 수 없다. 그가 이 작품을 완성한 나이는 정확히 60세였다.

"1861년 6월 30일 아침 8시 30분, 창문 너머로 비쳐 드는 아침 햇살을 받으며 나는 『레 미제라블』을 끝냈다네. 이제 는 죽어도 좋아."

그는 이 작품을 젊은 시절부터 구상했고, 본격적인 집필에 들 어간 것은 44세 때였다. 그에게 열정이 없었다면 우리는 위대한 작품 하나를 놓쳤을지도 모를 일이다. 그의 열정에는 마침표가 없었다. 그 결과 그는 16년 동안 글을 쓰고 또 썼고, 심지어 망명 지인 건지 섬에서조차 집필을 포기하지 않았다.

열정에 쉼표가 없다는 사실을 알려주는 또 한 명의 위인은 바 로 괴테다. 그가 고전 중의 고전이라고 할 수 있는 『파우스트』를 20대에 구상하기 시작하여 완성한 것은 60여 년이라는 세월이 흐른 후인 82세 때였다. 그가 생을 마감하기 바로 한 해 전이었다. 괴테에게 열정이 없었다면 이 작품을 완성하지 못한 채 끝났을 수도 있었다.

조지 버나드 쇼가 노벨문학상을 타는 데 결정적 역할을 한 『성녀 조앤(Saint Joan)』을 발표했을 당시 그의 나이는 70세 무렵이었다. 영화화되어 아카데미 각본상을 안겨준 『피그말리온』을 썼던 것은 62세 때였다. 그리고 그는 94세의 나이로 세상을 떠나기 전까지 왕성한 집필 활동과 더불어 정치, 경제, 사회를 아우르는 사회비평가 겸 대중연설가로서도 활동하면서 누구보다 열정적인 삶을 살았던 인물이다.

"지옥에 있다는 것은 표류하는 것이고, 천국에 있다는 것은 키를 잡고 조종하는 것이다."

그의 말처럼 표류하는 삶은 지옥과 다름없는 비참한 삶일 것이다. 하지만 인생의 주인공이 되어 열정을 갖고 주도적으로 살아가는 사람에게는 천국이 따로 없을 것이다. 파도에 이끌려 표류하지 않고 그 파도를 헤쳐 나갈 때 우리는 최고의 자신을 발견할 수 있다. 그리고 그렇게 살아갈 때 무엇보다도 활기차고 즐겁고 재미있고 가슴 뛰는 삶을 살아갈 수 있다.

꿈과 현실에는 시간이라는 장벽이 놓여 있을 뿐 이미 이루어진 것이나 다름없다고 믿고 진군하는 자는 반드시 그 꿈을 달성해낼 수 있다. 그렇게 시간을 뛰어넘게 해주는 힘은 바로 열정이다. 그리고 그것을 뛰어넘기 위해 필요한 것은 멈춤이 아니라 전진이다. 인생의 크나큰 비극은 죽음이나 늙음이 아니라 살아 있는 동안 내면이 죽는 것이고, 열정이 사라지는 것이다.

우리 시대의 아이콘 51명의 이야기를 담은 『위즈덤(wisdom)』이라는 책을 보면 미국의 음악 거장 데이비드 앰램의 이야기가 나온다. 그의 이야기에서 자신의 일을 좋아하고 꿈을 가지고 살아가는 사람들, 즉 열정을 가지고 살아가는 사람들의 삶이 어떤 것인지 생생하게 느낄 수가 있다.

"일흔일곱의 나이에도 나는 밖에 무슨 일이 있어 집을 나설 때마다, 아직도 가슴이 떨리도록 벅차오르는 감동을 느낍니다. 아직도 나에게 뭔가를 할 수 있는 이런 기회가 있다는 게 믿기지 않아요.

나에게 꿈이 있었다는 것, 그리고 아무리 내 상황이 어려워 보여도, 모든 것이 불가능해 보여도 계속해서 노력하도록 용기를 북돋워주는 사람들이 평생 내 주변에 있었다는 것, 그것은 정말 행운이었습니다. 이 사람들은 하고 싶은 것을 절대 포기하지 말라고, 될 수 있는 한 최고가 되라고, 그리고 하루도 빠짐없이 창조적으로 살라고 격려해주었습니다. 우

리 모두는 이렇게 살 수 있는 기질을 가지고 태어나지만, 생
계를 꾸려나가는 과정에서 흔히들 이것을 잃어버립니다."

77세의 노인에게 여전히 가슴 떨리는 인생이 지속되는 이유는
바로 열정이 있기 때문일 것이다. 이처럼 삶의 열정에는 마침표
가 없다.

보이지 않는 열정이
결정적 차이를 만든다

열정이 가득한 사람들은 남의 시선이나 비판, 눈앞의 자질구레한 이해타산에 연연하지 않는다. 이들은 시인 알프레드 디 수자의 시처럼 '아무도 바라보고 있지 않은 것처럼' 춤을 출 수 있는 사람들이며, '한 번도 상처받지 않은 것처럼' 사랑할 줄 아는 사람들이며, '아무도 듣고 있지 않는 것처럼' 노래할 줄 아는 사람들이며, '돈이 필요하지 않은 것처럼' 일할 줄 아는 사람들이며, '오늘이 마지막 날인 것처럼' 살아갈 줄 아는 진정한 인생의 주인이다.

일본 최고의 지성이자 행동하는 지성으로 손꼽히는 요로 다케시는 자신의 특별한 저서인 『유쾌한 공생을 꿈꾸다』라는 책에서 이런 말을 했다.

　　"진정한 프로는 세상의 시선이 아닌 '실질적으로 내가 해
　　야 할 일이 무엇인가?'를 먼저 따지는 사람들이다."

　열정이 중요한 이유가 바로 이 때문이다. 열정은 세상의 시선
에 사로잡히지 않게 해준다. 또한 열정은 우리의 내면과 함께 외
면까지도 변화시켜주고 이끌어주는 강력한 힘이 있다.

　냄비에 담긴 물은 절대로 냄비를 벗어나지 못한다. 하지만 그
냄비에 뜨거운 열을 가해보면 어느 순간 냄비 안에 있던 물이
냄비를 벗어나게 된다. 자신의 존재를 넘어서고, 차원이 바뀌는
것이다. 인간에게도 이와 같은 원리가 적용된다. 그리고 이러한
원리가 적용되는 것들에는 반드시 뜨거운 기운이 있어야 한다.

　뜨거운 열정이나 분노는 우리가 평소에 상상도 못할 만큼 엄
청나고 때로는 무서운 일들을 할 수 있게 해준다. 물이 끓어서
냄비를 벗어나는 것과 같은 이치다. 뜨거운 열정과 분노는 우리
자신을 넘어서게 하고, 괴력을 발산하게 하며, 용감하게 만들고,
오직 한 가지 일에만 몰두하게 만들고, 행동하게 만든다.

　분노는 매우 위험하지만, 열정은 매우 유익하고 인생에 도움
이 된다. 분노는 지나칠수록 자신의 몸과 마음, 심할 경우 인생
전체를 망가뜨리고 타인에게 해를 끼칠 수도 있다. 반면 열정은

자신의 몸과 마음에 더욱더 에너지가 넘치게 하고, 건강하게 하고, 행동하게 한다. 그런 점에서 열정은 최고의 선물이라고 할수 있다.

『피터 드러커 리더스 윈도우』라는 책의 저자 윌리엄 코헨은 행동의 중요성에 대해 다음과 같이 말했다.

"행동 없이는 아무것도 달성할 수 없으며 아무것도 이룰수 없다. 행동 없이는 전략적 기획도 가치를 잃고 만다."

현대 경영학의 창시자 피터 드러커도 역시 똑같은 말을 했다.

"꿈과 목표와 신념을 실천하는 일, 즉 성공을 이루는 유일한 방법은 행동이다."

인도의 시인이자 사상가였던 타고르는 이를 좀 더 시적으로 표현했다.

"물을 바라보는 것만으로는 바다를 건널 수 없다."

이처럼 행동하고 실천하는 것은 그 무엇보다도 중요하다. 그런 점에서 인간으로 하여금 행동하게 만들어주는 열정은 매우 중요한 것이라고 말할 수 있다.

열정은 눈에 보이지 않지만 우리로 하여금 행동할 수 있도록 결정적인 계기를 제공해준다. 바로 갈망하도록 만드는 것이다. 갈망은 우리로 하여금 그 어떤 것도 시도할 수 있도록 해준다. 그런 점에서 열정은 모든 행동과 갈망의 토대라고 할 수 있다.

삶의 참된 가치를 결정하는 것은 돈이나 젊음, 직위, 명예, 성공이 아니라 어떻게 살아가느냐 하는 것이다. 그런 점에서 삶의 가치는 우리가 소유하거나 성취한 것이 아니라 눈에 보이지 않는 삶의 자세와 마인드에 더 큰 영향을 받는다고 말할 수 있다. 얼마나 위대한 생각을 하고 어떻게 도전하며 얼마나 담대하게 살아가느냐가 그 사람의 가치를 결정하는 것이다. 그리고 그러한 삶의 자세와 마인드는 결정적인 차이를 만들어내는 열정을 통해 더욱더 빛나고 강해진다. 이것이 우리가 열정을 가져야 하는 이유다.

열정은 우리에게 불평하기보다는 그것을 즐기라고 말한다. 열정은 우리에게 좌절하기보다는 다시 도전해보라고 말한다. 열정은 우리에게 집착하기보다는 추구하라고 말한다. 열정은 우리에게 할 수 없다고 말하기보다는 할 수 있다고 말한다. 열정은 우리에게 이제 끝이라고 말하기보다는 이제부터 다시 시작이라고 말한다. 열정은 우리에게 절망하기보다는 희망하라고 말한다. 열정은 우리에게 너무 늦었다고 말하기보다는 아직도 청춘이라고 말한다. 열정은 우리에게 멈추라고 말하기보다는 계속 가라고 말한다. 열정은 우리에게 늙어가라고 말하기보다는 성장해나가라고 말한다. 열정은 우리에게 빈둥빈둥 놀라고 말하기보다는 미래와 자신의 발전을 위해 공부하라고 말한다. 이처럼 열정은 눈에 보이지 않지만 결정적인 차이를 만들어낸다.

3040대의 열정 앞에
불가능이란 없다

　3040대에게 가장 큰 실패는 열정을 잃어버리는 것이다. 실패를 했기 때문에 열정을 잃어버리는 것이 아니라, 열정이 없고 나약하고 게으르고 무기력하게 삶의 목적도 없이 살아가기 때문에 실패를 하는 것이다. 행운은 이런 사람들에게서 그 어떤 삶의 의미와 이유도 발견해낼 수 없기에 그냥 지나쳐버리고, 이 세상 또한 이런 사람들에게서 그 어떤 힘과 에너지와 가능성도 발견해낼 수 없기에 있던 길도 막아버리고 열린 문도 굳게 닫아버린다.

　3040대에 열정을 잃어버리게 되면 아무리 숲 속을 거닐어도 땔감을 발견하지 못하고, 아무리 하늘을 날아도 먹잇감을 찾지 못한다. 하지만 열정을 가진 3040대는 사막 속에서도 땔감을 발견할 수 있고, 땅속을 기어 다녀도 먹잇감을 얻을 수 있다.

열정은 우리가 가질 수 있는 것 중에서 가장 강력하고 창조적인 에너지다. 무에서 유를 창조하는 데 열정이 없었다면 그 어떤 것도 가능하지 못했을 것이다. 열정은 그런 점에서 창조 에너지이고 강력한 에너지다.

인생의 풍파를 다 겪은 3040대에게 열정이 더해진다면 더 이상 무엇이 두렵겠는가? 천상천하 유아독존이 바로 열정을 가진 3040대를 위한 말 아닐까. 인생의 참맛이 조금씩 보이기 시작하는 3040대에 인생에서 가장 큰 에너지인 열정까지 소유하고 있다면 천하무적이 될 것이다.

기회는 도전하는 자의 몫이다

열정이 없으면 스스로 기회를 만들기는커녕 기회가 찾아와도 도전하거나 모험하지 못한다. 이런 점에서 인생 후반기의 성공과 실패를 결정지을 수 있는 가장 중요한 시기인 3040대에 열정을 잃어버리는 것은 최악의 실패인 것이다. 우리는 "기회가 왔을 때 모험하지 않는 사람은 평범한 무리에 불과하다"는 탈무드의 격언을 다시 한 번 상기시켜볼 필요가 있다.

3040대는 인생의 성공과 실패, 인생 후반기 삶의 모습을 결정짓는 최초의 기회이자 마지막 기회를 맞이한 시기다. 이러한 기회가 왔을 때 우리는 과감히 모험을 해야 한다. 그렇게 하지 않으면 남은 인생을 힘겹고 고달프게 살아야 한다. 열정을 가지고 모험하는 3040대에게만 눈부신 미래가 기다리고 있다. 열정을 가지고 도전하고 모험할 때 이미 반은 성공한 인생이라고 할 수 있다. 참으로 위대하고 아름다운 인생은 돈이 많고 지위가 높은 인생이 아니라 열정을 갖고 질주하는 인생이다.

진짜 나를 발견할 때 성공이 보인다

우리는 공부한 만큼 성공하고, 열정을 가진 만큼 질주할 수 있다. 안주하는 삶은 그 자체로 실패한 삶이며, 불행한 삶이다. 하지만 질주하는 삶은 그 자체로 성공한 삶이며, 행복한 삶이다.

진짜 공부를 하고, 진짜 열정을 가지고 살아갈 때 우리는 진짜 자신을 만날 수 있다. 진짜 자신을 발견하지 못하고 끝나는 인생은 아무리 돈이 많아도, 아무리 높은 지위에 올라도 그 자체로 실패한 인생이라고 말할 수 있다.

즐겁고 풍요롭고 성공적인 삶은 진짜 자신을 발견하느냐 못하느냐에 달려 있다는 사실을 필자는 마흔이 넘어 알게 되었다. 타인과의 경쟁에서 이겨야만 성공적인 삶을 살 수 있는 것이 아니었다. 타인과의 경쟁에서 이겨서 얻는 성공은 가짜였다. 가짜는 결코 충만한 삶을 제공해주지 않으며, 우리에게서 기쁨과 즐거움과 가치와 의미를 모두 빼앗아가 버린다. 진짜 자신을 발견하는 진짜 성공만이 충만한 삶을 제공해주고, 눈부신 미래를 보장해준다는 사실을 잊지 말아야 한다.